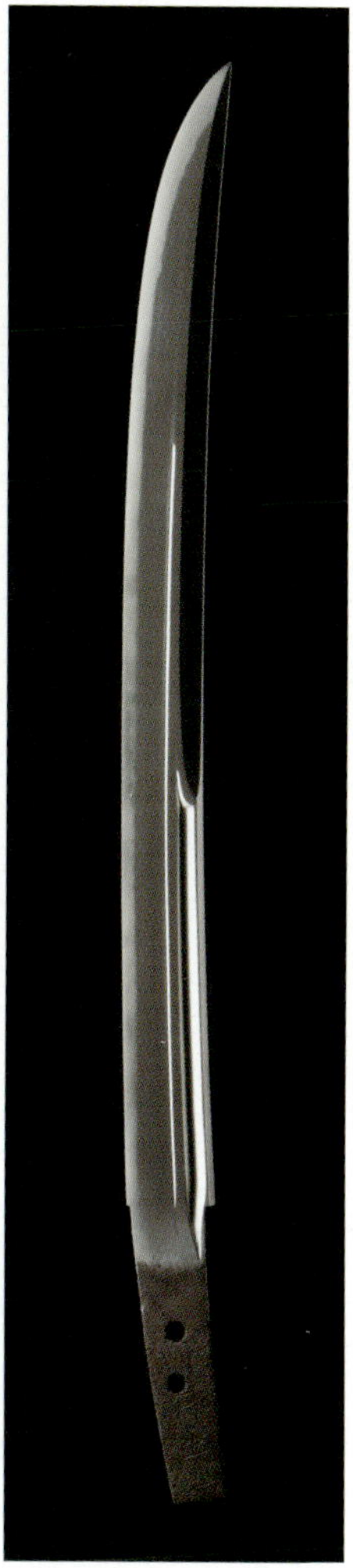

豊臣秀頼と脇差し「銘 吉光」名物 鯰尾藤四郎（表）

著名な京都養源院蔵のものは，まだ少年の面影を残すが，本図は冬の陣前後に描かれた秀頼の黒地文様の束帯姿．土佐派花野光明の作で，真田幸村の大坂入城の際，彼に下賜されたものとされる．脇差しは鎌倉中期の粟田口吉光の作で秀頼の愛刀．形が「鯰の尾」に似るので「鯰尾吉光」とも称される．

大坂冬の陣図屛風（肉筆模写）

冬の陣直後，狩野派の絵師が描いたものを幕末頃に同じ狩野派の絵師が模写したものとされる．明治に入り，東京国立博物館へ寄贈．これを竹内勇吉氏がさらに模写したもの．大坂城をはじめ，かなり忠実に描かれている可能性が高い．秀頼らしき人物もみえる．

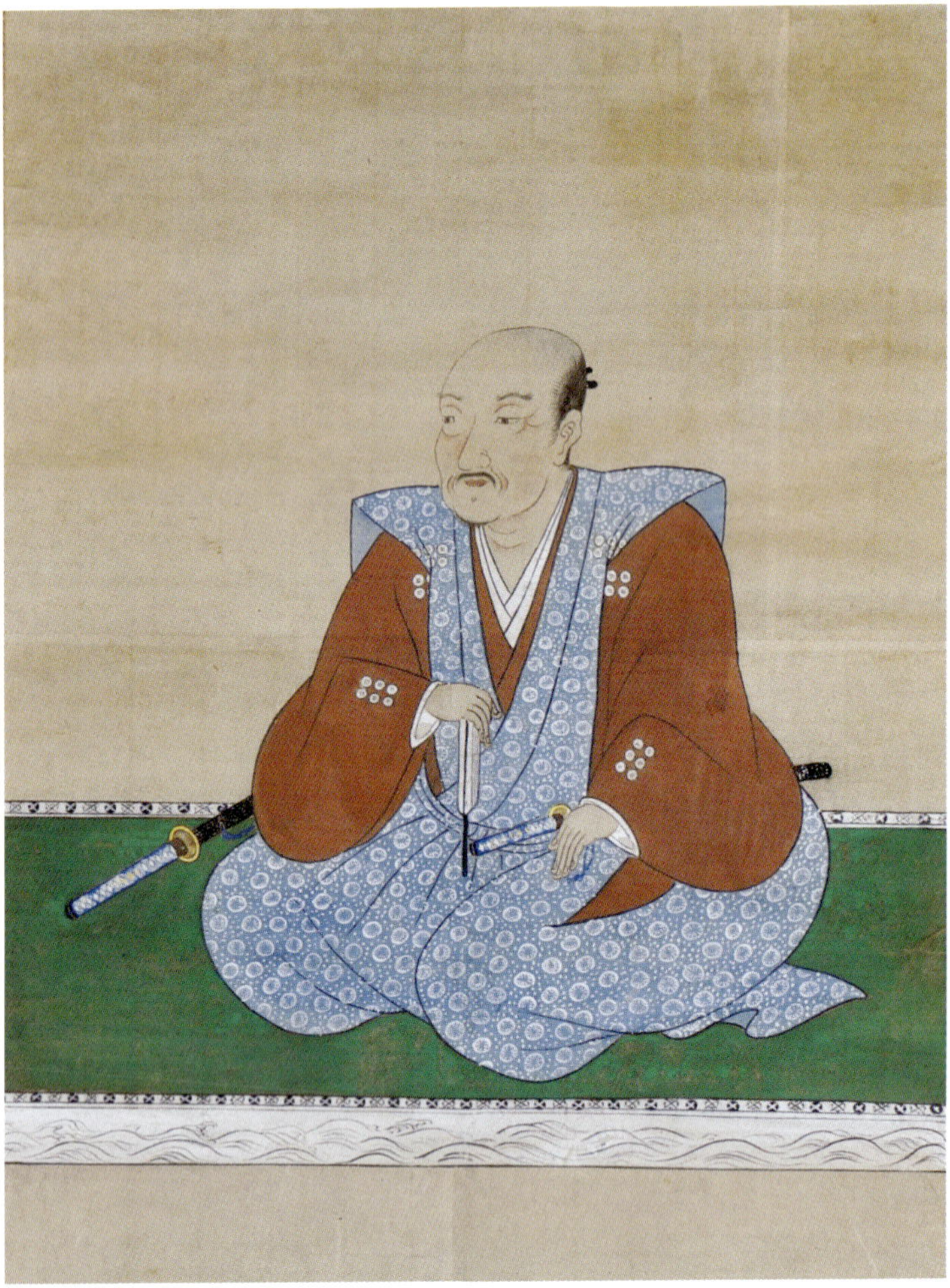

真田幸村

夏の陣では徳川家康を追いつめた勇猛な名将として語り継がれ，戦死せずに豊臣秀頼とともに薩摩まで落ちのびたともされる合戦最大のヒーロー．大坂の陣当時，「44, 5 歳（享年 49）に見え，額には 2, 3 寸の傷があり，小柄な人であった」との記録もある．

敗者の日本史 13

大坂の陣と豊臣秀頼

曽根勇二

吉川弘文館

企画編集委員

関　幸彦

山本博文

目次

Ⅲ　勝敗の転機

Ⅳ　大坂冬の陣

図版目次

〔口絵〕

〔挿図〕

秀吉政治の継続をめぐる問題　プロローグ

豊臣秀頼印

本書において、豊臣秀頼《とよとみひでより》、あるいは秀頼の政治に関することを語るにあたり、まず以下のことは確認しておきたい。

秀吉政治の後継とは何か

豊臣秀頼はたしかに秀吉《ひでよし》の遺言で「後継者」に指定されたが、彼が秀吉政治を後継する人物として当時認識されていたか否かという問題がある。本能寺《ほんのうじ》の変《へん》後、織田信長《おだのぶなが》直系の人物が、信長政治を継承することができなかったことを考えれば、このことは明快であろう。いわゆる天下人の政治は、嫡子だからといって継承できるとは限らない。けっして政権中枢の政治機構が整備されているか否かの問題でもないことは、近年の研究によって明白である。単に中央政治の「世襲制」が確立していたわけではないのである。

とくに第Ⅲ章で述べることとなるが、秀頼の立場とは、「ある事情があって、現在は帝位に就いていないが、彼には大になる歳入があり、蓄財している物もきわめて多い。また大侯および平民のうちで、彼に心服している者も多く」（「和蘭東印度商会史」）とあり、当時の外国人の目からみても、秀頼が豊かな財政を有し、諸大名や民衆からの支持も受けていた。だからこそ「現在、すぐに判断することはできないが、他日帝位に就く望みがある」ともあり、関ヶ原の戦い後、秀頼はすぐに「帝位」を継承できずにいても、「帝位」に就く可能性があった。しかしその一方で、大坂城の秀頼は、徳川家《とくがわいえ》康《やす》の孫娘の千姫《せんひめ》との婚儀を強いられ、その策によって幽閉されているともある。

以上は、秀頼と同時代に生きた外国人の記述であるが、歴史の推移を知る後世の我々からすれば、この観察にほぼ納得できよう。冷静かつ合理的な観察かと思われるが、当時の人々が最も望んでいたのは、後継者として秀頼の立場が安定していくことではなく、長い戦乱を終息させ、秀吉政治を継続していくことではなかろうか。

たしかに秀吉政治には、太閤検地《たいこうけんち》や刀狩《かたなが》り、あるいはキリスト教の禁教や朝鮮出兵の動員など、その内容はともかく、国内政治に「安定」をもたらした面があり、その後継を考えるならば、家康の存在は重要となる。中国や朝鮮という従来の東アジア諸国に加え、ヨーロッパ勢力が登場してきた東アジア世界において、諸勢力と対抗すべく軍事大国化した日本列島の政権からすれば、あるいはこれを支える多くの大名ら領主層からすれば、家康の政治を支持することの方が優先されよう。それは、関ヶ原の戦いやその戦後処理によって、家康政治こそが期待されるものとなったはずである。これらのことをこれまで筆者は「五大老《ごたいろう》」の立場とか、「豊臣体制」の残存という表現によって説明し、具体的な実証研究も行った。それらについては、これまでの拙著を参照されたいが、本シリーズの趣旨に照らしてみると、「勝者」からの論述であったかもしれない。なお秀吉死後、家康はすぐさまその外交を担当し、九州大名の交易活動を牽制《けんせい》しつつ、琉球《りゅうきゅう》王国を介して日明《にちみん》貿易の再開を目指した。しかしそれを最終的に断念せざるを得なかった慶長《けいちょう》十五年（一六一〇）あたりを画期としながら、東国政権として独自の外交政策へ転換するようになる。これらの動きが加速するようになり、大坂の陣が起こるのである。秀吉政治の実態を経験しない「後継者」の秀頼には、朝鮮出兵の処理もままならず、家康の政治構想はまったく思いつかないものであった。

本格的な東国支配への移行

以上、二つの指摘は、きわめて平板な内容と思われるかもしれないが、とくに後者で指摘した秀吉政治の具体的な内容は秀吉政治の主な特徴であり、それまでのどの政権よりも、本格的な「東国（伊勢湾および北陸地方以東）支配」に着手し、その展開を開始したことである。これらの内容については、近年の拙著（『秀吉・家康政権の政治経済構造』）で指摘したが、まず朝鮮出兵の講和・休戦期において、伏見《ふしみ》・大坂を拠点とし、日本列島をめぐる物流ネットワークを構築したことである。同時に九州・中国の西国大名だけではなく、徳川家康や伊達《だて》政宗《まさむね》ら東国大名も、伏見・大坂の都市整備に動員し、彼らも同地に居住させたことである。

秀吉によるこうした「東国支配」の実現こそが、関ヶ原の戦い後の家康政治の本質を考えるうえで重要となる。ここでいう秀吉政権の本格的な「東国支配」とは、小田原《おだわら》合戦や奥羽仕置《おううしおき》で完結できるものではなく、文禄《ぶんろく》二年（一五九三）に朝鮮出兵の敗北が明らかとなり、日明の講和条約を締結しながらも、そのまま九州大名らを朝鮮に駐屯させて、その他の大名が帰国して以後の施策のことである。

文禄二年の秋以降、浅野長吉《あさのながよし》の若狭小浜《わかさおばま》から甲斐《かい》への移封をはじめ諸大名の配置を見直し、文禄三年正月からの伏見城普請の開始、同年秋の畿内検地などを契機とする施策である。これら諸事業には、多くの東国大名が動員され、とくに大仏造営を名目とする東国への材木調達などがまさにその代表であり、全国にわたる鉱山支配の本格化も、この時期から開始された。同時に日本海海運や琵琶湖《びわこ》舟運を軸とする中山道《なかせんどう》（東山道《とうさんどう》）の整備も行われ、奥羽地方を含めた東国支配が実現した。このように朝鮮出兵の長期化に乗じて、秀吉政権のあり方も、根本から見直すこととなるのであり、それによって本格的な「東国支配」の実現がなされていくのである。さらに注目すべきことは大坂の都市改造が、秀吉死後も継続されていた。いわゆる大坂城三の丸や船場《せんば》が形成され、港湾都市大坂の基盤づくりがなされたことである。

大坂を死守する秀頼の意味とは何か

ここまでは、秀吉政権に関することであり、本書には直接関係しないが、まずは秀頼の立場を考えるうえでは不可欠な内容である。とくに秀吉政権において本格的な東国支配の実現があったことは重要である。朝鮮出兵の講和・交渉期において、伏見や大坂を拠点とする「首都」を整備する過程で、秀吉は東国大名の動員を強化し、中央政権として軍事大国化を進めていった。伏見や大坂を拠点とする「首都」を考慮しながら、西国だけではなく、それまで以上に東国に拠点を置くことを想定するようになった。秀頼が継承しなければならないのは、東国支配のために形成された軍事大国の政権であった。

しかし関ヶ原の戦いの結果、秀頼はすでに「首都」の一部である伏見を家康に奪われた。さらに家康は、自らの拠点を江戸から駿府《すんぷ》に移し、木曽山を含む伊勢湾周辺を掌握することにも腐心した。このような状況を、藤井譲治氏は「大坂城包囲網」という表現で称するが、家康の配置した国奉行の地域分布（表1）をみれば、このことが容易に認識できよう。ここには伏見や大坂を拠点とする「首都」の形成があり、とくに家康が、大坂方と徳川方の「草刈り場」となる大和《やまと》と美濃《みの》に大久保《おおくぼ》長安《ながやす》を配したことは注目に値するものである。しかしこのような見解は、いずれも勝者側の論理であり、これまでの拙著もそうした立場から述べたものである。残された史料を考えると、この見解を提示することはやむを得ないが、それではとうてい「敗者の日本史」にはならない。

そこで本書では、まず関ヶ原の戦い後の家康政治について、まだ大坂以西を全く掌握できない権力として捉え、大坂の地を有する秀頼の存在が無視できなかったことを確認したい。つまり大坂の陣とは、家康が東国政権から全国政権への転換に挑んだ戦いであり、その反面、そこに至るまでの時期には、関ヶ原の戦いの敗将や秀頼がリベンジできる状況もひそんでいたのである。まさに秀頼には「他日帝位に即くべき望み」が残されており、片桐且元《かたぎりかつもと》のような徳川方との協調路線は、豊臣氏

表1―徳川方による国奉行の配置

国名	奉行人名
山城	板倉勝重
大和	大久保長安
近江	米津清右衛門
丹波	山口直友・村上三右衛門
摂津	片桐且元
河内	片桐且元
和泉	片桐且元
但馬	間宮新左衛門
備中	小堀政一
伊勢	日向政成・長野友秀
美濃	大久保長安

（典拠は『大工頭中井家文書』137号）

が生き残る方策でもあった。

なお関ヶ原の戦い後、家康は伏見城で戦後処理を終えると、慶長十一年(一六〇六)や同十二年頃から、江戸や駿府を拠点とし、東国政権として自己の政権基盤を構築するようになる。当初、大坂方と徳川方の対立は顕著ではないが、このような背景には、秀吉政治によって王権の一部となり、政治的な重要性を増した天皇権力の存在があったからである。しかしこのような大坂方に優位な状況も、慶長十三年の秀頼の疱瘡《ほうそう》をめぐる動き、さらには翌十四年の猪熊《いのくま》事件(官女密通事件)を契機とし、家康による朝廷への介入が開始され、それも急速に消滅してしまう。これらは第Ⅰ章「秀吉政治の継続とその実態」および第Ⅲ章「勝敗の転機」で詳細にみていこう。

大坂の陣の歴史的意義

以上のような歴史の経過があり、いよいよ大坂の陣が勃発する。大坂の地をめぐる攻防戦、あるいは真田《さなだ》幸村《ゆきむら》ら豊臣方の動きなど、可能なかぎり、より信頼性の高い史料によってこれを叙述するが、ここでは大坂の両陣とも、圧倒的な軍事力の違いがあったにもかかわらず、この戦闘がきわめて激戦となったことが注目される。このことはすでにいい古されていることであるが、両陣営の権力内容とも関連するものであり、これまでも拙著で述べてきた家康政治の脆弱性《ぜいじゃくせい》を示すことに他ならない。逆にいえば、豊臣方の強さは大坂を有していたからであり、大坂の陣の結果、徳川氏による大坂占拠が実現したからこそ、その後における徳川政権の瀬戸内や九州支配を可能にしたと考えるべきものである。秀吉が、朝鮮出兵(大陸出兵)で目指した大陸進出

（侵略）という要素がここにもあり、さらには東アジア諸国・諸地域との交易も容易とするものである。ともかくも大坂の陣に勝利した東国政権としての徳川方は、まずは港湾都市大坂の直轄支配に乗り出し、全国政権としての道を歩み出したのである。このことについては、島津《しまづ》氏の存在に期待した大坂方の立場から認識していただき、さらには第Ⅳ・Ⅴ章の大坂の陣のなかでも、検討してみたいと思う。

大坂の重要性は大坂の陣直後、徳川秀忠《ひでただ》政権が大坂を拠点とし、広島城主福島正則《ふくしままさのり》の改易に象徴されるような西国支配をいち早く開始することからも知れよう。さらに秀忠は九州の大名支配に着手するが、それは九州大名の貿易を制限し、幕府の長崎支配を本格化させ、長崎での貿易権を手中に収めるためである。同時にキリスト教の禁教に乗り出すが、長崎貿易が掌握できるようになるならば、貿易相手国を選択できるようになり、中国王朝の衰退とヨーロッパ諸国の進出で混迷する東アジア世界に応じた、高度な外交施策を用いることができるようになる。あるいは拠点の江戸に近い相模国《さがみのくに》の浦《うら》賀《が》開港計画や伊達政宗の慶長遣欧使節を後援するなど、家康がいわゆる環太平洋のスペイン外交を推進したこととは、まさに対照的なものとなった。それは大坂の陣後、徳川政権の西国支配への目処が立ったからである。こうして徳川政権は、長崎での貿易統制とキリスト教の禁教を柱とする、いわゆる「鎖国」への道を歩むようになる。敗者の秀頼政治としては、まさに想像もできない東アジア世界の変動があった。

本書の狙い

以上、秀吉政治から秀忠政治までの歴史の流れを概観したが、大きな見通しのなかで、秀頼政治の実態を考えてみようとするのが本書の狙いである。秀頼に関して残された史料がきわめて少なく、したがって、これまでも秀頼に関する言説は皆無に等しい状態である。本書も、どれだけ秀頼の実像に迫れるのかいささか心許ない。かつて筆者は片桐且元という人物を分析しながら、同様の試みをしたこともあったが、そこでは、家康政治の脆弱性に終始するだけであった。少なくとも、「敗者」としての秀頼の実像や大坂の陣が有する歴史的意義を本格的に語ることができなかった。まずは第Ⅰ章から第Ⅲ章まで、秀吉政治を継続することの意味を中心とし、秀頼の立場や家康権力の脆弱性を可能な限り実証する。そのうえで第Ⅳ章と第Ⅴ章では、大坂の陣という大規模戦争の意義を語っていきたい。

大坂の有する重要性

秀頼の存在を語る際、慶長六年（一六〇一）四月十八日、伊達政宗が今井宗薫《いまいそうくん》に宛てた長文がよく使用される。とくにその一部に、「大坂方の施策が、私には何とも理解できない。秀頼様はもちろんのことであるが、その他の方々も、まったく周囲の情勢への配慮がない。もし再び秀頼様に不忠をいたし、身上の定かではない牢人たちなどが謀叛をすれば、とんでもないことになるはずである。そこで秀頼様を伏見へ移すか、それでなければ、ご幼少の間は、江戸の方にも移したらいかがであろうか。ただし、もし万一世の中が乱れ変わって、誰かが大坂に入ったとしても、私が謀叛を起こさないよう説得するつもりです。そしてたとえ近江瀬田《おうみせた》（現大津市）

から駿河までの城持ち大名が謀叛に加わっても、大丈夫です。のちのちまで安心と思います。本当によいことばかりではなく、大坂城の施策だけはわかりません。私などは、どのようにいわれてもかまいませんが、秀頼様のことを思ってのことです。少しでも危ないことがあれば、遠慮せずに申します。ここに書いたことは、本多正信《ほんだまさのぶ》（秀忠の側近）へも詳しく書状で知らせております」（「大阪城天守閣所蔵文書」）とある。

ここで政宗は、大坂の地から秀頼を引き離すことを提言しているだけではなく、誰かが大坂に入って覇権《はけん》を握ろうとすることも想定している。すなわち政宗は、すでに関ヶ原の戦い直後の段階から、大坂が有する重要性を充分に認識しており、いずれ大坂の地をめぐる争いがあることを見抜いていたのである。

秀頼の行く末

さらに同年四月二十一日にも、同様に政宗は、今井宗薫へ書状を出しており、その一部では「すべて我らが願うことは、秀頼様が幼少である間は、江戸か伏見などで、家康様の側に置いて、おとなしく成人させ、その時は何やら家康様のご判断で、処遇してもらうべきである。いかに太閤様の子息であっても、日本を統治することができなければ、家康様に任せて、二、三ヵ国も、あるいはその進退もそのままにしておかなければ、良いことにはならない。今大坂方をそのままにしておくと、やがて、世の中に悪いやつらが出現し、秀頼様を主人とし、謀叛を起こし、その奴らのために、何も考えずに秀頼様が切腹するようなことになれば、太閤様の亡魂にも良くないと思います。私が家康公に信用があれば、直接申し上げたいところだが、あいにくあまり信用がないので、あなたから本多正純《ほんだまさずみ》あたりに、冗談事のように家康公のお耳に入るよう取りはからってもらいたい」（「観心寺文書《かんしんじもんじょ》」）とある。

ここに記されているのは、単に東北大名である伊達政宗の私見でしかなく、しかも政宗の真意が何処にあるのかも知れない。しかし関ヶ原の戦い直後の時期において、伊達政宗は、当時の秀頼が置かれていた状況を見事に見抜いていた。これまで幾度となく引用されてきた二通の書状ではあるが、この時点から、すでに大坂の陣が起きることを想定していた政宗の慧眼《けいがん》ぶりに改めて驚く。早い段階から、大坂方は家康と戦闘することを予想しなければならず、その後の家康政治の巧妙さを読み取るだけでは秀頼の「敗者」の日本史を語ることができない。

勝者と敗者

歴史の流れには、さまざまな人々の「読み」や社会の「思惑（流れ）」があり、その結果、「勝者」と「敗者」が生み出される。「敗者」たる秀頼の像も、こうして作り出された。また秀吉政治と家康政治の実態について、「勝者」の立場から、これもまったく別次元なものとして認識しようとする傾向があり、秀吉や家康なりの「英雄伝説」が生み出される。しかし、このような認識が形成されることによって、何か本質的な重要なことが忘れ去られ、当時の社会や民族全体が引き起こした歴史の「負の遺産」のようなものは不問にされてしまう。実はこのことこそが問題であり、秀吉や家康という人物の存在が「勝者」であるのか否かが重要な問題ではなく、そこで展開された政治のあり方が真摯《しんし》に問われるべきであり、それが人々の「支持」（あるいは思惑）によって、継承されるべきものは継承されていくのである。この過程において、常に「勝者」と「敗者」が出現し、そこで引き起こされた「負の遺産」とは、単に「敗者」となった人物だけが負うのではなく、すべての者が償《つぐな》うべきものである。

とくに本書で主張したいのは、「勝者」の家康によって、秀吉と異なる新たな政治状況が生み出されたわけではなく、最終的に秀頼の勢力と対決することによって、実は「勝者」の家康こそが秀吉政治を継承していたことである。

ともかく秀頼の「敗北」によって、徳川方が大坂の地を制圧することになるが、このような過程（大坂の陣）を経なければ、実質的な徳川政権の成立はあるはずがなく、その後における全国政権としての徳川政権が展開することもなかった。その意味では、大坂の陣とは、関ヶ原の戦いなどとは、まったくスケールの違う歴史的な意義を有する日本史上の画期的な戦争であったといえよう。このことは、秀吉政治の本質こそが家康政治に反映されたとの理解である。天皇をシンボルとする大名連合の「国家」の枠を乗り越え、日本列島の中央政権は軍事大国化しつつも、しだいに東アジア世界の変動（ヨーロッパ諸国や中国王朝の交替）に対応していきながら、「鎖国」という江戸時代の社会が構築されたのである。このような流れのなかにおいて、大坂城に「幽閉」された秀頼では、秀吉政治を継承することなど、とうてい無理なことであった。したがって多くの大名の支持を得て、秀吉政治を継承したその後の徳川政権が、常に軍事大国であり続けたことは間違いない。敗者としての秀頼を軸としながら、秀吉の存在やその後における家康政治の本質を考えていくことの意味は重要である。

I

秀吉政治の継続とその実態

1――豊国廟（京都市東山区）
秀吉の三百年忌にあたる明治30年（1897），阿弥陀ヶ峰の豊国廟は再建され，墳上には巨大な五輪石塔が建てられた．

1　西国大名の動向と戦争への準備

秀吉政治の継承

秀吉死後の権力闘争があり、さらに関ヶ原の戦いで東軍が勝利すると、家康は国家運営の主導権を握ることとなった。秀吉以来の伏見を拠点とする政治が、家康を中心にして運営されるようになったのである。

関ヶ原の戦いの戦後処理も、家康が中心であったが、片桐且元ら秀頼の家臣も参加する体制で行われた（拙著『片桐且元』）。家康からすれば、たとえ覇権を握っても、秀吉遺児である秀頼、有力な大名、さらに京都には天皇勢力などもおり、無視できない政治集団は少なくなかった。秀吉が構築した政治の実態は、秀吉という軍事カリスマを頂点とする連合政権でしかなかった。強烈な集権性を有する反面、きわめて分権性の強いものであった。群雄割拠《ぐんゆうかっきょ》する戦国時代を統一した天下人の政治の本質である。カリスマ秀吉を失った後、家康は覇権を握っても、このような政治体制を維持することが求められ、そのためには、秀吉遺児の秀頼と連携するしかなかった。このことは徳川方の脆弱な状況に他ならない。ともあれ秀吉政治の後継をめぐる情勢は生まれてくるのである。この時の家康は、カリスマでもなく、まだ天下人の政治を行うことが確定されていたわけではなかった。

2―豊臣秀吉木像

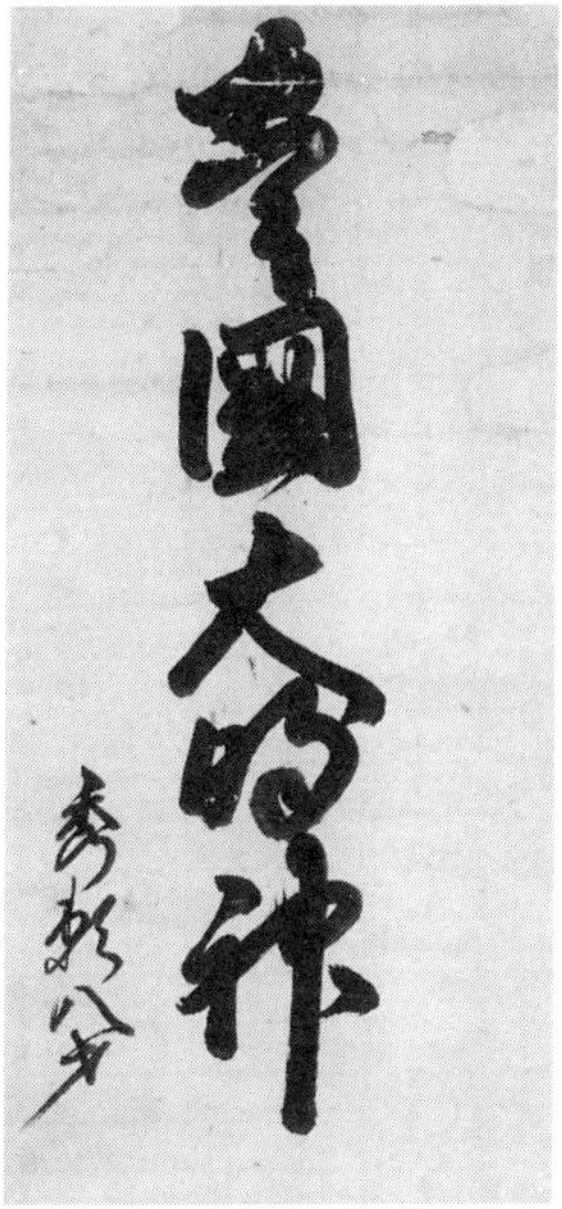

3―豊臣秀頼自筆神号
（秀頼8歳の時）

豊臣・徳川の一体化

まず慶長八年（一六〇三）二月、家康は、秀頼と千姫の婚儀を敢行しようとするが、この年の正月十日、毛利《もうり》輝元《てるもと》が国元の家臣へ宛てた書状によると、当時の大名たちは、家康が将軍になり、秀頼は関白《かんぱく》の地位に就くことを望んでいたことが知られる（『萩《はぎ》藩閥閲録《はんばつえつろく》』）。また慶長七年十二月晦日《みそか》にも、「秀頼様が関白に就任するとのことが伝えられ、これは目出たいことではあるが、家康様が将軍になられることも噂されている」（『義《ぎ》演准后《えんじゅごう》日記』慶長七年十二月晦日条）との記載もある。やはりこの婚儀は、多くの人々が望んでいたようである。

慶長八年二月にも、「この頃、家康様が将軍になるとの噂です。そして二月十二日家康様に征夷大将軍就任を伝える勅使があり、三月四日、家康様は大坂へ赴き、翌五日には伏見城に戻った。しかしこの訪問は秀頼公への年頭挨拶《あいさつ》である」（『当代記《とうだいき》』慶長八年二月・三月条）ともある。これらからも、

4―千姫

家康が将軍に就任するとともに、秀頼の関白就任も同時に行われることが噂されたことはたしかである。まさにこのことは当時の領主層の願いであり、先の毛利輝元の書状にも繋がるものであろう。このようななか、秀頼と千姫の婚礼が挙行された。豊臣・徳川両氏が一体化することによって、秀吉死後の国家運営がなされることこそが、最も無難な状況であったのである。

　秀吉政治の後継者問題が先送りされた感もあるが、後継者争いに端を発した関ヶ原の戦いのような戦闘だけは避けられたのである。いずれの陣営に参加するのかを選択しなければならない諸大名や戦争に駆り出される人々、さらにその戦闘によって被災する地域など、あらゆる人々にとって、戦争の勃発は好ましいものではなかった。だからこそ人々にとって、大坂方と徳川方の一体化は慶事であったのである。

　さて二人の婚礼であるが、慶長八年五月十日、徳川方からは、千姫が母親である江《ごう》（お江与、淀殿の妹）とともに、婚儀のため上洛した。一方の大坂方からは、淀殿《よどどの》の乳母である大蔵卿局《おおくらきょうのつぼね》が、近江土山《つちやま》（現滋賀県甲賀市）まで出向いて、千姫一行を出迎えた。そして「七月三日、将軍家康様が上洛し、同十五日に伏見城へ入った。七月二十八日、大坂の秀頼と家康様の孫娘による婚礼が行われたが、孫娘とは秀忠様の娘でもある。その後、伏見から大坂へは船で赴いたが、千姫七歳、秀頼一一歳の時である」（『当代記』慶長八年七月三日条）とあり、家康が立ち会い、二人の婚儀は伏見城で行われた。上洛した千姫は、そのまま大坂城の秀頼へ入輿《じゅよ》したのである。

さらに同年九月十二日、秀頼の家老片桐且元と小出秀政《こいでひでまさ》が連署して島津家久《いえひさ》に宛てた書状によると、秀頼の婚礼に対し、島津氏は使者や多くの品々を贈ってきたので、秀頼もそれを喜んだ（『薩藩旧記雑録《さつぱんきゅうきざつろく》後編』）。他の大名も、ほぼ同様な行動をとったことであろう。二人の婚儀によって、豊臣・徳川氏の一体化が生まれ、諸大名にとって慶事なことであった。

豊臣・徳川氏の一体化の崩壊へ

ところが家康は、将軍に就任してから二年目の慶長十年（一六〇五）四月十六日、将軍職を子息秀忠に譲ってしまう。さらに家康は、伏見城における戦後処理も終えたとし、慶長十二年には諸大名に駿府城の公儀普請を命じ、七月三日には、江戸城から駿府城へ移った。家康は江戸の将軍秀忠だけではなく、大坂の豊臣氏や京都の朝廷を含めて、大御所として「天下」の政治を総攬することに着手しようとした。徳川方が、ついに全国に君臨する立場を明らかにした。いわゆる駿府政権がここに成立する。これに対し、秀忠の将軍職就任直後の慶長十年五月八日、秀頼は家康からの上洛要請を拒否するなど、諸大名らが期待した豊臣・徳川氏の一体化は、しだいに崩壊していった。

大坂の陣前の秀頼領

関ヶ原の戦いによって、全国統治の覇権は、家康が握ることになった。そのため関ヶ原の戦い後、全国に散在していた豊臣蔵入地《くらいりち》の支配も、秀吉遺児の秀頼が独自に管理・運営することはできなかった。豊臣蔵入地とは、秀吉政権の直轄領であり、その年貢米《ねんぐまい》収入も、〝公的な事業費〟として用いられるべきものである。さらに個々の大名を介して、農民などに賦課される諸役も、「公儀」（国家）を支えるものである。たとえ独裁的な政治形態であった秀吉権力でも、このような認識のうえから、直轄領である蔵入地を設定していた。まさに豊臣蔵入地は「公儀御料」（国有地）であり、豊臣家の私的な所領ではなかった。だからこそ、同政権はさまざまな方面から公的な権力として認識されていた。

豊臣蔵入地のこうした性格を巧みに利用しながら、家康はその支配を強めていった（拙著『片桐且元』）。秀頼は摂津《せっつ》・河内《かわち》・和泉《いずみ》六五万石の一大名の立場へ転落し、全国各地にあった豊臣直轄領も、慶長期にはすべて失ったとの見解は、このような視点からも説明できるのである。しかし家康も、容易に各方面から公的な権力として認識されたわけでもなく、この時期における「国家」の直轄領を容易に管理・運営することもできなかった。つまり逆に秀頼が管理・運営できる可能性もあったのである。

大名動員

ところで慶長十二年（一六〇七）三月二十五日、公儀普請として駿府城普請が行われ、そのため家康は全国の大名に「五百石夫《ふ》」を課した（『当代記』慶長十二年三月二十五日条)。これによって、家康は諸大名にその石高に応じ、五〇〇石に付き一人の人夫を提供するよう指示し、同時に駿府へ来ることも命じることができた。さらに各大名には、まず必要な荷物を国許から伏見へ送らせ、そのうえで長持ちなどによって、その荷物を駿府へ転送することを命じた。前年にも公儀普請として江戸城の普請が行われたが、これを担当した大名や中小の領主は免除されたが、畿内五ヵ国と丹波《たんば》・備中《びっちゅう》・近江・伊勢《いせ》・美濃国という合計一〇ヵ国に知行地を有する者が対象であった。いずれも豊臣色の色濃い地域であり、かつての豊臣蔵入地を多く含む場所で、さらには秀頼の領内まで が「五百石夫」賦課の対象になった。秀頼領も、公儀普請の対象となったのである。

しかし大坂方が、この「五百石夫」を駿府城普請のために提供した事実はない。むしろ摂津・河内・和泉の三ヵ国にも、秀頼領以外とされるものがあったことに注目すべきである。あるいは他の大名領にも秀頼領(あるいは豊臣蔵入地)が存在し、この三ヵ国以外の国々にも、大坂方が支配できる可能性のある蔵入地や家臣領があった。

少なくとも、家康が国家運営の主導権を握ったという事実だけで、秀頼が一大名扱いされたと解釈するのは早計である。とくに「蔵入《くらいれ》合《あわせて》十箇国」との表記は、駿府城の普請を公共(「国家」)事業として実施するものであるから、家康は、畿内およびその周辺に「均等」に「五百石夫」を賦課することができたのである。秀頼はこれを拒否しただけである。

慶長十年、秀頼は、片桐且元に讃岐国小豆島《さぬきのくにしょうどしま》の検地を命じており、この地は元和元年(一六一五)

五月の豊臣氏滅亡まで、大坂方の蔵入地でもあったようである。さらに大坂冬の陣が開始されると、家康の命によって、備中の「大坂侍」（秀頼家臣）領五万八〇〇〇石が徳川方へ接収され、この大坂方の領知と徳川方が支配する蔵入地米八万石も、徳川方の兵粮《ひょうろう》に充てられたとある（『大坂冬陣記』慶長十九年十一月二十八日条）。このように備中にも、たしかに大坂方の領知が存在していたのである。

猿楽配当米の下付

大坂方も、あるいは徳川方も、いずれも秀吉政治を継承することによって、政権（国家）の直轄領を管理・運営しようとした。徳川方の立場からすると、畿内およびその周辺一一ヵ国に国奉行（徳川氏の家臣、表1参照）を配することで、当該地の直轄領を掌握したことになる。大坂方からすれば、少なくとも三ヵ国内の徳川方まで差配できる公権力の立場を得たこととなり、その周辺の大和・近江や備中あたりまでも、影響力を有することができた。大坂方も徳川方も、秀吉政治の後継者の立場が必要であったのである。このことは両陣営のあり方よりも、どちらがより多くの人間から秀吉政治の後継者であるかを認められるかの問題となろう。

そこで「太閤様の時から、大坂では猿楽《さるがく》衆に対し、一人に付五〇石あるいは三〇石の知行《ちぎょう》を与えていた。このようなことは変わらず、去年まで秀頼公も行っていたが、今年の秋からは取り止めたこととなった。これは今年の春、家康の命令によって、猿楽者を大坂から駿河に伺候《しこう》させることになったことと関連することであろうか」（『当代記』慶長十四年十月二十七日条）との記載が気になる。この家康の命令については、「かつて太閤様のときから猿楽者は大坂に詰めていたが、今後は、この大坂に

5――猿楽（『鶴岡放生会職人歌合』）

詰めることは止め、駿河へ詰めるよう、本日家康様のご命令があった」（『当代記』慶長十四年三月二十六日条）ともあり、家康の意図があったことは確かである。秀吉以来、猿楽衆は大坂城へ近侍していたが、家康はそれを止めさせて、駿府城へ移ることを命じたことが知られよう。

このことは、家康が猿楽衆を保護する権限を得たということだけではなく、秀吉が猿楽衆への「猿楽配当米」を大名から徴収していたが、それを秀頼が引き続き行っていたことに対し、その権限を家康が止めさせたということである。

秀吉が大名へ猿楽配当米を賦課した事例として、文禄二年（一五九三）閏九月十八日付の生駒親正《いこまちかまさ》へ宛てた木下吉隆《きのしたよしたか》・山中長俊《やまなかながとし》・長束正家《なつかまさいえ》連署状がある（「矢原家文書」）。秀吉は、たしかに大名へ「猿楽配当米」を上納するよう命じており、その請取状を奉行衆が出していた。慶長二年十二月にも、家康を含む諸大名に対し、領有する石高に応じて「配当米」を賦課した。秀吉は、朝鮮出兵が長期化するなかで、大名統制のうえからも、このような賦課を行っていたのである。

秀頼も、秀吉による猿楽配当米の大名賦課権を継承していたことであろうし、このような事態が続いていたからこそ、慶長十四年秋以降、家康は猿楽衆を大坂城ではなく、駿府城へ詰めさせたのである。

さらに「慶長十八年正月五日、猿楽の観世大夫《かんぜだゆう》は、慶長十五年に大坂方から勘当されたが、去年から家康に仕えることになり、駿府城にいるようになった」（『当代記』慶長十八年三月五日条）ともあり、この時期から家康は、単に駿府城で盛んに能を催すようになったのではなく、秀吉と同様、猿楽衆へ配当米を下付するようになった。家康が猿楽衆を保護するようになったという文化史的な意味だけではなく、天下人として諸大名との関係を持つようになったことを意味する重要なものである。

秀吉政治の継承として、このように家康も、知行高に応じて猿楽配当米を諸大名から徴収したのであろうが、管見の限りで、その実例をみつけてはいない。

しかし、元和四年（一六一八）と思われる十月十二日付の秀忠年寄《としより》衆連署状（『東武実録《とうぶじつろく》』）によると、大名は、その領知高に応じて猿楽配当米も賦課することが指示された。しかもすべての大名ではなく、二〇万石以上の大名が対象であった。大坂の陣後の元和三年、秀忠は徳川将軍として初めて、諸大名に対して朱印状による領知宛行状を出したが、それにともなう猿楽配当米の賦課であったようである。同じく元和四年十月十二日付成瀬正成《なるせまさなり》・竹腰正信《たけのこしまさのぶ》宛ての秀忠年寄衆連署状にも、江戸の幕閣から大名への「猿楽配当米」の賦課に関する記載がみられる（「美濃国・飛驒《ひだ》国古文書」）。やはり秀吉政治に引き続き、家康、さらに徳川方（秀忠）も、大名の石高に応じた猿楽配当米を徴収し、猿楽配当米の徴収増額を行っていた。とくに秀忠の事例で知られるように、大名の知行高に応じたものであり、諸大名への知行宛行との関連性が濃厚で、主従関係に関するものである。このような事例から、家康もたびたび「猿楽配当米」を諸大名から徴収していたことが推測されよう。
つまり、秀吉死後の慶長十三年までは、秀頼も天下人として秀吉政治を継承していたことになる。だからこそ慶長十四年の秋、猿楽配当米をめぐる諸大名への徴収権が、秀頼から家康へ移ったことの意味が大きいのである。なお家康の段階では、諸大名との関係において、恒常的に徴収することが叶わず、秀忠政治になって初めて慣例化されたのかもしれない。

秀頼領国の実態

秀吉政治の継承者としての立場を有していた秀頼ではあるが、家康がしだいに覇権を掌握するなか、その地位が脅かされ、一大名の立場へ転落しつつあったことをもたしかである。

まさにこのような状況の下にある慶長十五年（一六一〇）九月二十一日、片桐且元は兵庫湊《みなと》（現神戸市兵庫区）にほど近い薬仙寺《やくせんじ》へある書状を出した（「薬仙寺文書」）。これは薬仙寺に対する年貢「七石五斗一升七合」を免除するものである。大坂方が兵庫湊における寺院への年貢免除を認めた事例であるが、ここでは「かつて（秀吉様）の朱印状が無くても、以前から免除されていますので、今後もそのようにします」との記載がなされている。

秀頼は毎年のように領内の検地を行っていたので、この「御朱印」を自ら発給したものとは思えない。したがってこの段階になっても、秀頼は秀吉の朱印状に応じて、年貢を徴収することを前提としたものであったと理解すべきであろう。ここでも秀頼は秀吉政治の後継者の立場を明確として支配を行っていた。しかしこれとても、摂津国内の事例であり、単に従来の年貢高を踏襲《とうしゅう》しただけのことであった。

2 後継者秀頼の立場

事情ありて帝位に即く能はず

秀頼が秀吉政治を後継する人物であることは、秀吉の遺言で確認されているし、秀吉死後としては、最も妥当な考えであろう。しかし現実にはそのようにはならないのが政治の世界である。

当時のオランダ人は、「慶長十六年（一六一一）七月一日、大坂の城にいる秀頼様は前皇帝の子であり、日本の正統な皇帝である。しかしいろいろな事情があるため、その地位には就いていない。しかし人民や有力なる大名の要望があり、現皇帝の死後、その地位に就くこともあるようなので、我々は秀頼様にも贈り物をすべきことを決めた」（「和蘭東印度商会史」）とあり、秀頼が家康の死後、秀吉政治の後継者に就く可能性があることを文面に残している。

さらに「慶長十六年八月、大坂は、日本で最も美しく、大いに商業が発達した都市の一つであり、非常に堅固な城も有する。この城には、前皇帝の一子である秀頼様がいる。（略）秀頼様は一八ばかりの年齢であり、事情があって皇帝の位に就くことができない。しかし大いなる歳入を有し、蓄積する財もきわめて多い。また有力な大名や平民の間では、秀頼様を心服する者も多いので、現在はすぐに判断することはできないが、いつかは彼が皇帝の地位に就く望みもある」(「和蘭東印度商会史」)ともある。これによると、秀頼が後継者に就く可能性がある条件として、秀吉の子息という血統に加え、経済都市大坂を拠点とし、豊かな経済力があること、さらに諸大名や市民から信望があることなどを挙げている。当時の在日外国人も、秀頼が秀吉政治を後継する者の候補であったことをよく承知していた。

その一方で、「家康は、関東全域支配を江戸の皇太子(秀忠)へ譲り、近いうちには、全国支配のすべてを譲る予定があるため、ポルトガル人やイスパニア人のように、今から皇太子に謁見し、贈り物をするようにした」(「和蘭東印度商会史」)ともある。

当時の外国人たちは、関ヶ原の戦い後、家康がしだいに日本全土を掌握しようとした現実もよく理解し、その嫡子である秀忠へ接近する重要性をよく認識していた。関ヶ原の戦い後、家康が将軍に就任しただけではなく、大坂の秀頼を意識しながら、江戸だけではなく、大御所(前将軍)として駿府を拠点とし、日本全土の支配を掌握しようとすることも理解していた。このような鋭い認識があったからこそ、外国人たちは秀頼の立場について、皇帝の地位に就く可能性だけがある程度のものと評していたのである。

イギリス人も秀頼の立場を評している。これによると、「家康は、自ら皇帝と宣言し、本当の世継ぎ（秀頼）を捕らえて、これに自分の女（孫女の千姫）を妻にして、完全な協調の一手段として、若い夫婦をこの大坂の城内に幽閉した」（慶長十八年〈一六一三〉八～九月『セーリス日本渡航記』）とあり、秀頼はたしかに正式な「世継ぎ」ではあったが、家康の作略で幽閉されたとする。この理解は、これまで日本側の史料にはまったくみられないものであり、これはきわめて興味深い指摘である。

スペインの探検家ビスカイノも、「大坂という都市には、皇太子（秀忠）の女婿である太閤様の子息（秀頼）がいる。徳川方は、帝国内の最良なる城の一（大坂城）に秀頼を幽閉し、何人も彼と会うことを許していない」（『ビスカイノ金銀島探検報告』）と記した。これもイギリス人のセーリスと、ほぼ同じ指摘である。

家康による主導権拡大の事実を紹介するだけではなく、秀頼の置かれていた立場を見事に記したものである。千姫との婚姻などを含めた秀頼の位置づけをこのようにみるのは、けっして特異なものではなかった。

幽閉状態の秀頼

秀頼がこのような立場にあったことは、「秀頼の母とその重臣たちは、司祭たちが秀頼をあまり重んじていないと考えていささか腹を立て」（「一六〇六、一六〇七年日本の事情」『十六・七世紀イエズス会日本報告集』）とあることから、大坂方も自認していたようである。慶長十九年、大坂方が禁教令を出したのもこのような前提があり、そのため司祭らが秀頼を訪問すると、秀頼の母や片桐且元はたいそう喜び、「公方とその息子にしたように、今回、伴天連《バテレン》が彼を訪問したことは、たいそう有り難いことであり、以後忘れはしないであろう」（同書）との好意的な言葉を発したとされる。

秀頼が秀吉以来の豊かな財政を有し、諸大名からの信頼もあったことはたしかである。秀吉の後継者として「充分な正統性」を有していたことは、自他ともに認めるものであり、家康の死後、秀頼が皇帝の座に就く可能性も充分にあった。そこで、本書では当時の外国人が「いろいろな事情のために皇帝に就くことができない」と記した部分の意味するところに注目してみたい。たとえ当時のオランダ人が、「日本全国を領有すべき正統な主の秀頼が、賢明かつ知慮のある母親に教育され、成長するにしたがって智勇も加わってきた」（『和蘭東印度商会史』）と指摘しても、それ以上のものではなかった。このことを指摘するよりも、むしろ「いろいろな事情のために秀頼が皇帝の地位に就くことができない」とは何かを議論する方が重要なのである。

伏見・大坂の重要性

当時、国内にいた外国人が、このように徳川方を高く評価したのは、家康の対外政策が、大坂方や他の大名に比して、格段に先行していたからであろう。家康は、新旧のヨーロッパ諸国だけではなく、東南アジア諸国へ外交文書を発給するなど、いち早く秀吉政治の後継者であることを国外へアピールしたのである。

しかしそれとは別の意味として、関ヶ原の戦いの勝利によって国家運営の主導権を握った家康は、

6― 金箔押菊紋大飾瓦

その後における公務はすべて伏見城で行った。本拠の江戸において、それをできなかったのは家康権力の脆弱性ともいえるが、秀吉政治を継承するという意味では、やはり伏見城でなければならなかった。「京都は日本の大都市であり、格段と商工業に依存することが多い。他の都市ではこれにおよぶものはない。伏見までの間はずっと家屋が続き、両所を合わせると、非常な大都市である。伏見には堅固な城があり、同所には守備兵を常置する。皇帝（家康）が来る時には、ここにいるのが常である。この城があるため、戦争の禍《わざわい》が京都へおよぶことがなく、京都の繁栄は著しい。ここの商品は欧州と変わることがない」（『ビスカイノ金銀島探検報告』）とあり、伏見城が公務の場所であった。すでに秀吉の在世中から京都は高いレベルの「商工業」都市へ変貌し、公務の場は伏見城となっていた。

このような伏見と京都の関係にしたのは、秀吉政治であったが、関ヶ原の戦い後、家康は伏見の地を占拠することで国家運営の主導権を握ったのである。そのため、「伏見は、京都の都市部と広さはほとんど同じである。諸大名のすべてはこの地に屋敷を有し、ここには多数の兵士が駐屯する大きな城もある。その城主は皇帝（家康）の女婿（松平定勝《まつだいらさだかつ》、伏見城代）である」（『ビスカイノ金銀島探検報告』）と表された。家康は京都や伏見の地を掌握することはできても、大坂まで掌握することはできなかったのである。このことこそが、伏見と大坂を拠点とし、日本列島全域を支配した秀吉政治とは異なる家康政治の脆弱性をよく示すものであり、大坂の地をめぐる大坂の陣の重要性がある。

家康が大坂の地を掌握できていない状況については、「大坂の都市部には、皇太子の女婿（千姫）である太閤様の嫡子（秀頼）がいる。皇帝は、帝国内の最良なる城に秀頼を幽閉し、何人とも語ることを許していない。ただしこのような処遇となったのは、秀頼から皇帝に対し、戦いを仕掛けないようにするためである。そのため秀頼に仕えている者は、夜会や演劇を行う多数の婦人ばかりである。このように非常に剛勇なる武士の子が惰性に流れているのは嘆かわしい」（『ビスカイノ金銀島探検報告』）との記述がある。単に秀頼を大坂に幽閉したとする見解も充分に説得力はあるが、家康が大坂の地を掌握するために、秀頼の行動を制限したとする見解も成り立つのである。やはり秀吉政治と家康政治は比較すべきものではなく、むしろまず家康は、伏見と大坂を拠点とした秀吉政治の後継を目指したと考えるべきであろう。

伏見の家康と大坂の秀頼

当時の外国人からすると、関ヶ原の戦い後、家康は秀頼を大坂城へ幽閉し、京都や伏見までは掌握することができていたのである。それでも家康は、大坂方との開戦の契機は見出すことができなかった。このことは京都の天皇支配もさることながら、徳川方は大坂の陣で豊臣氏を滅亡させるまで、大坂の地を掌握することができなかったともいえよう。

徳川方の権力構造について、これまで拙著などではつとに脆弱性を指摘してきたが、このことは本書でも、改めて強調していきたい重要な論点である。

来日したイギリス人も、大坂をロンドンに匹敵する大都市として認識し、「ここは全日本中の主要海港の一つで、なかには驚くほど大きく堅固な城があり、堀がこれをめぐり、たくさんの跳橋《はねばし》があり、鉄板で覆った門がある」とし、「予らはこの地（伏見）で、皇帝（家康）が都（京都）および大坂を抑えるため、三千の戍兵《じゅへい》（守備兵・番兵）をおいてあるのをみた」（一六一三年八〜九月『セーリス日本渡航記』）と記録し、大坂の地の重要性を指摘した。

秀吉政治以来、当時の大坂および伏見こそが全国支配の拠点となり、家康はこの地域を中心とし、瀬戸内や伊勢湾沿岸の支配が必要であったことを誰より熟知していた（拙著『秀吉・家康政権の政治経済構造』）。関ヶ原の戦い後、家康が京都や伏見の地を掌握しても、日本列島全域を支配することができないことは、外国人でもよく理解していた。徳川方の政権掌握も、家康の政治力によるものだけであり、家康の死後、秀頼が従来の秀吉政治の後継者となる可能性も、まったくなかったわけではなかった。伏見だけではなく、ここに大坂の重要性が浮上してくるのである。

とくに朝鮮出兵が長期化したことによって、秀吉は大坂と伏見を拠点とし、東国支配の本格化に乗り出していった。大坂の地を利すると、朝鮮・九州への物流だけではなく、伊勢湾や関東・奥羽地方への海上輸送が展開し、さらには淀川の河川交通によって、伏見や京都と直結できるようになり、従来の琵琶湖水運や東山道の陸上交通も併用することが可能になったのである。

このような動きは秀吉の死後も継続し、そのため関ヶ原の戦い後、伏見城は、家康の手に掌握されていった。伏見と大坂が、政治だけではなく交通としての中心的な機能を秀吉在世中からも有していたからこそ、この地が日本の本来の「政庁」であったことを、外国人もよく理解したのである。秀吉政治によって、大坂と伏見の都市化によって形成された「政庁」の伏見城であったが、秀頼は港湾都市となった「大坂」しか掌握していなかったことにもなる。

このような現実に対し、狡猾《こうかつ》な外国人は、単に秀頼は「大いなる歳入」を有し、「大諸侯および平民から心服」をされていただけで後継者としての正統性が維持されたとみていた。それに対し皇帝の家康は、関東・東海地方をはじめ全国支配への布石を打っていた。家康の手によって、秀頼が大坂城に幽閉されていたとみられることも、無理からぬことでもなかろう。

3　秀吉死後の直臣団配置

千里山の立ち入り紛争と直臣団

これまで秀吉の在世中から伏見・大坂城を拠点とする「首都」が形成されたことを指摘してきた。同時にその周辺地域が二つの城を支える「城付地」として、秀吉政治を支える存在であったことも付言しておきたい。このように秀吉によって伏見・大坂を拠点とする「首都圏」が設定され、以下のような事業が、秀吉の死後も継続されたことが重要である。秀吉の死後も、大坂城を拠点とする二の丸・三の丸や船場などの拡張工事が続けられたことは比較的知られた事実である。秀吉在世中から開始された材木供給に代表される東国支配が継続し、材木の集散地として大坂の港湾機能はさらに高まったが、秀頼や家康も、それを継承したのである（拙著『秀吉・家康政権の政治経済構造』）。木曽山の材木は、従来の琵琶湖水運を利して、尾張犬《おわりいぬ》山《やま》や美濃関ヶ原経由の陸上交通だけではなく、新たな伊勢湾や紀伊半島経由の海上輸送によって大坂へ移送されるようになっていたからである。

しかしこのような経済的な状況ばかりではなく、政治的にも、伏見と大坂を拠点とする「首都圏」が形成されたと考えられる。秀吉の死から一年ほど経過した慶長四年に推定される九月十九日、片桐且元は、宮木《みやき》藤左衛門《ふじざえもん》・生熊長勝《いくまながかつ》・伊藤長弘《いとうながひろ》・松平伊豆守《まつだいらいずのかみ》・上杉義春《うえすぎよしはる》・石川光元《みつもと》・蒔田《まきた》政勝《まさかつ》・上田《うえだ》宗《そう》箇《こ》・朽木《くつき》六兵衛《ろくべえ》・野村直隆《のむらなおたか》にある書状を出した（「野口基之文書」『豊中《とよなか》市史』史料編三）。これは摂津千里《せんり》山《やま》の立ち入りに関して周辺村々による紛争があり、それに対する大坂方の裁許状である。

摂津豊島《てしま》郡原田《はらだ》村（現豊中市）以下の周辺の村々は、秣《まくさ》などを採取する入会地《いりあいち》として、以前から千里山を利用していた。しかし近年に検地があり、千里山が熊田《くまだ》・桜井《さくらい》両村の村高《むらだか》に組み入れられたために紛争になったのである。すでにこの検地帳は作成され、熊田・桜井両村に下付されていたが、かつての山境の区別もできない状況になっていた。そのため豊臣家家老として片桐且元は、従来と同様、周辺の村々に千里山に立ち入ることを認めた。その後、この山論はどのような展開となったのかは定かではないが、このような裁定が豊臣直臣の宮木以下に通告されていたことは注目される。この裁定が片桐且元から宮木らへ報告されたのは、いずれの村々も彼らの知行地であったからである。

こうして秀吉の死後も、秀吉直臣団の知行地は、伏見や大坂の周辺に点在していた。千里山に立ち入ることができなくなった周辺の村々が、片桐且元に直接不満を持ち込んだのは、秀吉在世中の文禄三・四年の畿内検地に彼が関与したこともあろうが、秀吉の死後、大坂方の意向を代表する立場にいたからである（拙著『片桐且元』）。

秀吉直臣団の知行配置

この文書の宛所の多くは、関ヶ原の戦い後すぐに処罰された人物たちであり、新たな畿内の知行配置が決定した慶長六年（一六〇一）以降の可能性はきわめて低い（拙著『近世国家の形成と戦争体制』）。つまり、この文書を関ヶ原の戦い前である慶長四年と比定したのはそのためであり、少なくとも関ヶ原の戦い（慶長五年九月十五日）以前であることはたしかである。ここで重要なことは、かつて鉄炮頭《てっぽうがしら》や馬廻衆《うままわりしゅう》であった宮木以下の秀吉直臣団が、伏見・大坂城の周辺に知行地を有していたことである。故に紛争を大坂方の片桐且元が裁いたのである。

伏見・大坂城の都市機能が整備されるにともない、秀吉直臣団が形成された。彼らは親衛隊として伏見や大坂に居住するだけではなく、その知行地も伏見や大坂の周辺地域に設定された（「早稲田大学図書館所蔵文書」）。

しかも秀吉の死から半年ほど経過した慶長四年二月十七日、豊臣奉行衆（前田《まえだ》玄以《げんい》・浅野《あさの》長政《ながまさ》・増田《ました》長盛《ながもり》・石田三成《いしだみつなり》・長束正家《なつかまさいえ》）が連署して島津家久へ出した書状によると、「猪谷之滝谷」（現宇治《うじ》市）・「山科本願寺古屋敷《やましなほんがんじ》」（現京都市山科区）など、かつて鉄炮の射撃を許可した地域を示して、当該地域も含めた京都・伏見・大坂の近辺で射撃することを禁じた。従来は鉄炮射撃の対象外であった宇治・山科の地も、伏見・大坂を支える周辺地域として、政権の「特別」な地域として考えられるようになったのである。

4　秀頼の鷹狩り

鷹場の設定と巣鷹の献上

家康が、しだいに秀吉政治の後継者として地位を固めていく一方、秀頼も同様の動きをしていた。

秀吉政治の国土支配を端的に象徴するものとして、伏見・大坂を拠点とする首都圏での鷹《たか》狩りがある。これは天皇大権を継承するという儀礼的な面だけではなく、鷹場の設定という「首都」周辺における、他の封建領主とは異なる政権の「一元的な領域支配」を目指したものである。それだけではなく、秀頼の巣鷹（鷹狩用に飼育する若鷹）供給という遠隔地の山林地帯支配という面があった。前者は伏見・大坂を拠点とする「首都」形成の一助となり、後者は政権の材木調達や交通支配につながるものである（拙著『秀吉・家康政権の政治経済構造』）。秀吉は、文禄三年（一五九四）

に畿内検地を実施するとともに、畿内やその周辺に自らの鷹場を設定し、九州や東北の諸大名に巣鷹を献上させることによって列島各地の山野支配も強化した（拙著『近世国家の形成と戦争体制』）。

このように秀頼や家康が鷹狩りを行った背景には、従来の秀吉政治を後継するための重要な要素があったのである。

慶長十一年（一六〇六）七月朔日《ついたち》、大坂方の奉行人から大道村（現大阪市東淀川区）の庄屋太郎左衛門に出した文書がある（宮本裕次「大坂の陣と周辺村落」）。これによると、秀頼は鷹狩りを行うため、大坂城周辺の村々に、他の者が鷹狩りを行うことや、農民が弓・鉄炮でいろいろな鳥を取ることを厳禁し、このことを法令のように村々に伝達することを命じた。さらに当該する村々には必ず片桐且元か鳥見の奉行衆たちへ報告するようにも命じた。これらのことは、単に秀頼が鷹狩りを行っていたことだけではなく、大坂城周辺には秀頼の鷹場として設定されていた農村があったことが確認できよう。これらの農村は、知行地主にかかわらず、大坂方の鳥見役人が出入りしていた。秀頼も秀吉と同様、畿内およびその周辺において、鷹狩りに関する権限を有していたのである。当時一四歳の秀頼であったが、このように大坂周辺で鷹狩りを行ったことになろう。

鉄炮所持と鷹場

さらに前年の十一月、片桐且元は、白川《しらかわ》村（現神戸市須磨《すま》区白川）の猟師たちに対し、摂津国内において、耕地を荒らす鹿や鳥を駆除するため以外で、鉄炮を用いることを禁じた（「鷲尾寧氏所蔵文書」『神戸市文献史料』第一巻）。秀吉による刀狩り以来、農民が鉄砲を所持することは禁止されていたが、農業のために使用することは認められていた。しかしそれ以外に鉄炮を使用することもあったようであり、これを禁ずるための停止令であったのである。鉄炮の所持に関する指示が出されたことなどに、天下人にとっての鷹狩りの重要性をうかがうことができよう。

7—片桐且元

秀吉政治の時と同様、伏見や大坂周辺では、各政権の鷹場が継続して設定されていた。この点では、秀頼は秀吉の後継者としての地位を保ちつつあったのである。しかも、「大坂の秀頼公から玄鶴《げんかく》（黒色の鶴。老鶴のこと）が献上されたが、これは鷹場で捕ったものである」（『駿府記』慶長十七年十二月二十七日条）とあり、秀頼は自ら鷹狩りを行い、その獲物を家康へ進呈していた。また慶長十六年の家康との二条城会見後も、秀頼は鷹狩りを継続していた。

一方の家康も、わざわざ鷹狩りのために、長期にわたり京都周辺に滞在しようとしたことが確認できる（『京都府本法寺文書』）。家康も、かつて秀吉によって設定されたであろう畿内周辺の鷹場を使用しようとしていたのである。関ヶ原の戦い後、家康が本拠である江戸や駿府の周辺において、盛んに鷹狩りを行ったことはよく知られた事実であるが、畿内周辺に設定されていた鷹場を使用しようとしたことは意味がある。やはり家康も、秀吉の後継者の地位を考えていたのである。

Ⅱ 秀吉政治の後継を目指す家康

8 ― 伏見城本丸現況
伏見・大坂城を拠点に，秀吉政治が行われた．秀吉の死後、徳川家康は公務のすべてを伏見城で行った．

1 家老片桐且元の存在と二条城会見

名古屋城普請の思惑

現在、秀頼文書として残されているものは、その内容のほとんどが時節の贈答に対する大名への礼状である。大坂方とその大名の関係を示すという意味では、これらも貴重なものであるが、内容は画一化されている。しかもその年代を明らかにすることもできないものの、大坂方と大名との交流には、ほとんど片桐且元が関与したことが知られる。

このうち慶長十五年（一六一〇）五月朔日付で稲葉《いなば》典通《のりみち》（豊後《ぶんご》臼杵《うすき》城主）宛ての秀頼黒印状がある（「別本・稲葉家譜」）。この書状には尾張名古屋城の普請に関する記載があるので、慶長十五年と比定できるきわめて珍しいものである。これによると、秀頼は自らへ心づけをしてくれたことへの謝辞を述べ、名古屋城の普請に出かける稲葉典通に労《ねぎら》いの言葉をかけた。秀頼は、名古屋城普請が徳川方の思惑から開始されたものであり、大坂方にとっては不利な状況であったことに、まったく気づいていないようである。

家康は関ヶ原の戦い後、諸大名を公儀の城郭普請に動員することによって、掌握した覇権の度合いを強めようとした。しかも秀頼がこのような文書を諸大名へ発給したならば、名古屋城普請は、大坂方も了解する公共事業の性格を一層強めることになる。これこそが徳川方の思惑である。

さて名古屋城普請については、「尾張国の清洲《きよす》から名古屋へ城を移転することとなり、家康様の普請奉行である牧長勝《まきながかつ》が同地を訪れ、その地を実測した」（『当代記』慶長十四年十一月十六日条）とある。牧長勝は秀吉政治下でも、普請奉行を担当しており、この時は、家康奉行人らの指示によって公儀普請として事業を進めた。徳川方は秀吉政治の延長として、つまり公共事業として名古屋城の普請を行おうとし、諸大名を動員した。しかも政治的な思惑だけではなく、大坂湾を拠点とし、西国支配に優位な立場であった秀頼に対抗し、尾張を中心とする伊勢湾沿岸を占拠することにより、東国支配を強化しようとした。なお丹波の篠山城《ささやまじょう》や近江の彦根城《ひこねじょう》も、このような観点から築城された。

ちなみに「家康様が尾張国の名古屋へお出でになり、奉行人へ実測を命じて、二月から普請を開始するとのことです」（『当代記』慶長十五年正月九日条）とある。慶長十五年二月、家康は、たしかに諸大名に名古屋城の普請を命じた。

慶長十五年の臨時大祭と方広寺大仏殿の再建

徳川方の思惑から実施された名古屋城の普請であるが、ほぼ同じ時期の慶長十五年（一六一〇）二月、大坂方の片桐且元は駿府に赴き、その帰路において金地院《こんちいん》崇伝《すうでん》の出迎えを京都で受けた。ここでは片桐且元と徳川方の崇伝の間で、臨時大祭と方広寺《ほうこうじ》大仏造立に関することが相談されたようである（『舜旧記《しゅんきゅうき》』慶長十五年閏二月十八日条）。

9── 豊国祭礼図屏風（七回忌）

この方広寺大仏殿の造営は、同年六月から開始された。例年秀吉の命日にあたる八月に行われる豊国祭を、秀吉の十三回忌にあたる慶長十五年には、臨時大祭として開催する予定でもあった。片桐且元が家康のいる駿府を訪れたのも、この下交渉であったようである。

慶長十五年二月から閏二月にかけて、大坂方の片桐且元は、ほぼ一ヵ月の間、駿府へ滞在した。まさにその最中の慶長十五年二月二十三日、「淡路国《あわじのくに》を下賜《かし》されて、四月、江戸と駿府に赴いてこれを謝すると、家康様から脇差し、秀忠様から刀・馬などをいただいた」（『寛政重修諸家譜《かんせいちょうしゅうしょかふ》』池田《いけだ》忠雄《ただかつ》の項）とある。姫路城《ひめじじょう》主池田輝政《てるまさ》の三男忠雄は、家康から淡路国六万三〇〇〇石（『恩栄録《おんえいろく》』慶長十五年）を下賜された。池田氏は、播磨《はりま》・備前《びぜん》両国も合わせ、一〇〇万石余りを領有することになったのである。

このような知行宛行は、家康が池田氏を自分の陣営に取り込むために他ならない。たとえ徳川方による独断専行の施策であっても、片桐且元が駿府滞在中に行われたことに意味があろう。これらの施策も大坂方が了承したことになるからである。大坂方と徳川方の関係がこのようなものであることから、おそらく家康による豊臣系大名への知行宛行《あてがい》も同様に行われたと思われる。いわゆる「公儀」の承認の下で行われたが、一方で徳川方による多数派工作がすでに始まっていたのである。

これに対する大名側は、大坂方にも贈答することを忘れずにおり、まだ先の読めない政局の行方を見守る状態であった。徳川方も、大名側の立場をよく理解し、なるべく徳川方の思惑が表面に出ないようにし、片桐且元の存在を利用したのである。

両陣営を奔走する片桐且元

このようななかの慶長十五年（一六一〇）五月二十八日、大坂方の片桐且元から朽《くつ》木《き》元綱《もとつな》に宛てられた書状がある（「市立長浜城歴史博物館所蔵文書」）。

これによると、片桐且元は大坂から駿府へ赴いたが、慶長十五年五月十七日、駿府へ到着し、翌日には家康との面会を申し出た。家康はすぐさまこれを了承し、お茶などでもてなすなど、きわめて丁重な対応をした。さらに且元が江戸の秀忠との面会を申し出ると、これも了承された。且元が江戸へ到着したのは五月二十四日で、翌二十五日には秀忠と面会した。且元は、ここで秀忠に何らかのお礼を申し上げ、二十六日には三〇〇俵の飯米を進呈されるなど、秀忠からも丁重な歓待を受けている。二十七日も、秀忠と面会し、その際、且元は「今年は冬まで江戸に来ることができない」とのことをいうと、秀忠から「ならばもう少し滞在するよう」に勧められた。この結果、且元は長期的に江戸に滞在することとなったが、早々にすることもなくなったので、大坂へ戻ってきたようである。

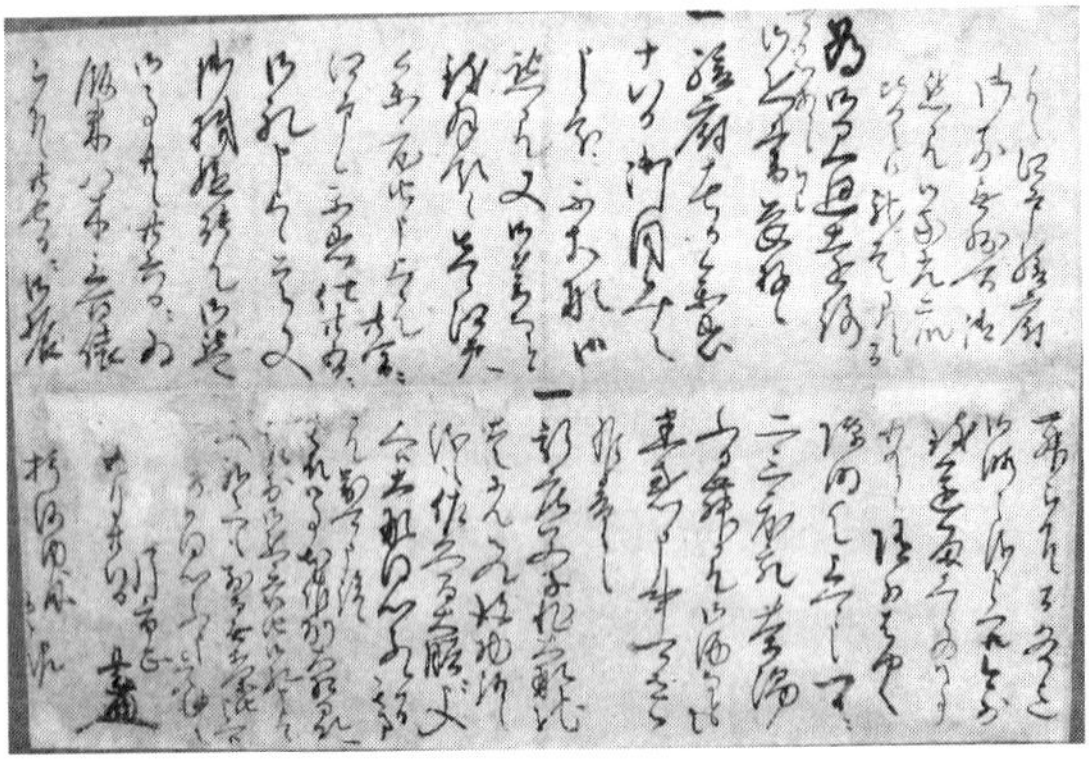

10――慶長15年5月28日付朽木元綱宛ての片桐且元書状

江戸に長らく滞在することになった且元であるが、この間、毎日お茶が二、三回ずつ出され、お酒もかなり出されたので、本人は迷惑なほどであった。江戸にいた新庄《しんじょう》父子が、不躾《ぶしつけ》にも片桐且元に話しかけて来たので、その不満を佐久間《さくま》勝之《かつゆき》に訴えたこともあった。また且元は、この佐久間には宛所の朽木に関することも、いろいろと尋ねたこともあり、このことによって、秀忠の側近である本多正信や大久保《おおくぼ》忠隣《ただちか》らからも、丁寧な対応がなされたようである。なお且元は、駿府や江戸の方は何事もなく、徳川方の奉行人が、いろいろと奔走していることを報告した。

この片桐且元の書状からは、駿府と大坂を頻繁に往復する彼の行動や心情を垣間みることができる。ここに登場する佐久間勝之が「大膳亮《だいぜんのすけ》」を称するのは慶長十五年以降で、また「新庄父子」とは新庄直頼《なおより》と直定《なおさだ》のことである。新庄父子は関ヶ原の戦いで西軍に属したので、戦後は失領するが、慶長九年正月十五日、赦免されて新たに常陸《ひたち》・下野《しもつけ》に三万石を与えられた。つまり新庄氏は豊臣色の強い大名であったにもかかわらず、すでに徳川方の陣営に近い立場にいたことになる。且元が新庄氏を快く思っていないのは、このような経過からであろう。

慶長十三年、直定は父の所領を継ぎ、父の直頼は慶長十七年十二月十九日に死去するので、この書状は慶長十五年から同十七年の間に出されたことになる。しかし、「片桐家の伝えるところによると、片桐出雲守孝利《いずものかみたかとし》は片桐且元の養子として、慶長十五年五月、家康様からお会いするよう命じられた」（『朝野旧聞裒藁《ちょうやきゅうぶんほうこう》』）との記事もあり、慶長十五年五月には片桐且元が親子で駿府を訪問したことが確認できるので、この書状は慶長十五年と比定してよかろう。この時期における大坂方と徳川方の関係を具体的に知ることができる重要なものである。少なくとも、慶長十六年の二条城会見後における両陣営の雰囲気が感じられる内容の書状ではない。

慶長十五年五月、片桐且元らの奔走によって、徳川方との調整のうえで、大坂方の存在が成り立っていたことが知られよう。

慶長十五年という時期

慶長十五年（一六一〇）に入ると、徳川方は、公共事業として諸大名へ名古屋城の普請を命じ、さらに駿府・江戸を拠点とした東国支配を強めていた。しかし、これに対抗するかのように大坂方も、秀吉の十三回忌という名目をもって、方広寺大仏殿の造営を計画し、八月十八日の秀吉命日に向けた臨時大祭の挙行も視野に入れた動きをみせていた。

ところが前述した秀頼の御内書《ごないしょ》のように、大坂方は徳川方の真意をよく読めていない向きもあった。大名側が秀頼への挨拶《あいさつ》を忘れていないとする考えもあろうが、当該期の政局の行方をみていた大名もいたはずである。秀頼の後見人としての片桐且元は、徳川方と大坂方の間を調整していたが、先の書状によると、且元は江戸に長期滞在したものの、たび重なるお茶や酒が面倒だとか、徳川方へ走った豊臣系大名である新庄父子の態度が不躾《ぶしつけ》であるとか、あるいは秀忠の奉行衆は大変に愛想が良いとかを述べている。あげくの果てには、江戸で何もすることがなくなったから、すごすごと帰ってきたと記すなど、片桐且元は、明らかに徳川方に懐柔されていた。駿府の家康や江戸の秀忠が丁重な対応をした真意のほども読めず、江戸で少々探りを入れることで、秀忠側近衆の態度が丁重になった意味もまったく疑っていない。片桐且元あたりでも、徳川方の真意に気づいていない。大坂方の立場からすれば、これらの内容はかなり深刻な実態である。後述するが、この慶長十五年という時期は、徳川方にとっても、一つの区切りというか決断する時期であった。大坂方のこのような態度なども、大坂の陣への助走であったのかもしれない。大坂方は政局の行方を読めない、まさに「敗者」への道を歩み出していたのである。

慶長八年七月二十八日、家康は、孫娘千姫と秀頼との婚儀を敢行した。この当時の家康は、秀吉政治の最大の後継者と目された秀頼を大坂城に「幽閉」することに成功したが、同時に独自な政治集団になる可能性のあった朝廷方も、しだいに手中に収めることを想定した。この婚儀は大坂方と朝廷が密接な関係になる動きを封じるためでもあったが、この時期においては、徳川方は大坂方を攻撃する契機がみつからなかったことも事実である。これに対し、大坂方の片桐且元が徳川方との調整を重視したのは、家康の寿命を考慮しながら、さらに朝廷や諸大名との交流を継続することによって、後継者の地位を獲得する計画でもあった。大坂方の立場からすれば、「時間かせぎ」の戦略も必要であったのである。

ところで、秀吉の時代から行われていた中央政権から諸大名へ賦課する猿楽配当米の慣行は、慶長十四年の秋になると、秀頼から家康の手へ移っていた。ほぼ同じ時期に、「中国・西国・北国の大名は、いずれも十二月には関東へ赴き、江戸で越年する計画がある。これは駿河の家康様からの内々のご命令である」（『当代記』慶長十四年十月二十九日条）との記載もある。西国の豊臣系大名らでさえ、徳川方の陣営に接近する状況にあった。このように豊臣色の強い大名においても、いずれの陣営に付くことが重要なのかを考えるようになってきたのである。徳川方に接近することを決意した大名も、同時に秀頼へ時候の挨拶も欠かさないという、まさに「政局」を読む大名が出現してきたのである。

さらに慶長十五年に入ると、家康は名古屋普請に諸大名を動員させた。名古屋城の普請は、大名の知行高に応じた動員が行われた（『当代記』慶長十五年六月三日条）が、これは先述したように大坂方も了承する公共事業として行われたからである。しかもその負担基準となる諸大名の石高は、「何《いずれ》も太閤秀吉公の御竿の積也」（いずれも秀吉様の検地で算出されたものである）とあり、秀吉政治を継承することを前提とし、けっして徳川方だけの指揮によるものではなく、公儀（天下）普請の動員であったことに意味がある。大坂方だけではなく徳川方でも、ともかく秀吉政治の継続が前提とされ、それを着実に継承できる人物こそが全国政治を担当すべき者であった。たとえ名古屋城の普請が、徳川方の東国支配を強めるものであり大坂方に対抗すべきものと思われても、それは秀吉政治の継続を意味するものであった。だからこそ西国の豊臣系大名も名古屋城普請に参加し、しかも大坂方の秀頼も御内書でこれを慰労し、そのうえ普請奉行が秀吉普請に名を連ねたメンバーであったことから、公儀（天下）普請という公共事業の色合いが強まったのである。しかしこれを指揮したのは家康の奉行衆であり、現実的には、徳川方による事業でしかなかった。

慶長十六年の二条城会見

名古屋城の普請だけではなく、さらに徳川方から仕掛けられたのが、京都での二条城会見である。この時期、家康は上洛する名目として、後陽成《ごようぜい》天皇の譲位と後水尾《ごみずのお》天皇の即位という一連の儀式を差配するという理由を持ち出した。徳川方としては、大坂の豊臣氏と京都の朝廷という二つの政治集団を、実質的に勢力下に置くことを目論んだのである。同時に二条城において秀頼と会見することも、家康の目的の一つであった。

家康が秀頼に上洛要求を出したのは、これが初めてではなく、秀吉七回忌の翌年にあたる慶長十年（一六一〇）五月にも、高台院《こうだいいん》（おね）を通じて行われ、この時は淀殿が強く拒絶したとされる。そこで今回は、「三月二十日、大坂の秀頼公が上洛して家康公と対面するために、織田有楽斎《うらくさい》が家康様へ派遣された」（『当代記』慶長十六年三月二十日条）とあり、織田有楽斎が仲介し、それに加藤清正《かとうきよまさ》や浅《あさ》野幸長《のよしなが》らも、家康の依頼からその間を奔走したようである。

二条城の会見は以下のように行われた。慶長十六年三月二十七日、後陽成天皇譲位の儀式が、先例に従い行われた。しかし家康は、秀頼までそれに立ち会うこともないと指示したので、同日、秀頼は大坂を発ち、淀に到着した。明らかに家康の主導によって譲位の儀式が挙行された。さらに秀頼を迎えるにあたり、京都から家康子息である義直《よしなお》・頼宣《よりのぶ》や池田輝政・加藤清正が出向いただけであった。ただし秀頼が大坂を発つ時、「その場所に後光がさした」とある（『当代記』慶長十六年三月二十七日条）が、これは何を意味するものであろうか。

11―二条城

さて当日の状況であるが、三月二十八日の辰《たつ》の刻（午前八時頃）、秀頼は淀から京都へ入り、そのまま家康のいる二条城に赴いた。これに対して家康は、庭まで降りて出迎えたが、これに秀頼は丁寧な礼を述べて答えた。さらに家康が座敷に入ると、秀頼も庭から座敷へ入った。まず秀頼が御成《おなり》の間に入り、その後に家康が続くつもりでいたが、お互いの礼があるためか、家康が秀頼に御成の間に入るよう勧めたが、秀頼はそれを堅く固辞した（『当代記』慶長十六年三月二十八日条）。結局、家康が御成の間へ参ることとなったのであるが、このような経過からすると、家康だけではなく、秀頼も、よく礼儀をわきまえていたことになろう。お互いが上席を譲りつつも、最終的には秀頼が家康に上席を譲った形となった。その後に食事となったが、吸い物が出ただけの簡素なものであり、これには秀吉夫人であった高台院も相伴したとされる。

その日は、秀頼は家康子息の義直・頼宣に見送られ、京都では豊国神社《とよくにじんじゃ》の参詣と大仏殿普請見学をしただけで、そのまま大坂城へ戻ったとされる（『義演准后日記』・『当代記』慶長十六年三月二十八日条）。これはきわめて気になる記述であり、それまでの大坂方と朝廷の関係からすれば、秀頼と天皇の会見などがあっても、けっして不思議なことではない。まったくその気配がないことには注目すべきである。このことは後述するが、二条城会見とは、それまで徳川方と鼎立《ていりつ》していた政治勢力と思われていた天皇や豊臣氏に対し、徳川氏が優位な立場に立ったことをアピールするための政治的な儀式だったのである。このような行動をとったのは、家康が慶長十五年末には、それまで琉球王国を介して、自身が積極的に推進してきた日明両国の交渉を断念せざるを得なくなったことをはじめ、この時期を政局の重要な時期と決断したからであろう。

徳川方は、どの政治集団よりも早く新たな手段を講じ、とくに大坂方と対決する要因を打ち出さなければならない弱みがあった。これは大坂方の動きや天皇勢力の問題だけではなく、時間が経過すればするほど、しだいに九州大名の交易活動が活発化し、新たな事態が生まれてくる状況があったからである。スペイン勢力が関東に漂着したのも慶長十四年のことであり、徳川方としては、秀吉死去や関ヶ原の戦い以来目指してきた従来の外交政策（琉球王国を介した日明貿易の復活）の断念が、大きなきっかけとなったのである。

ところでこの秀頼上洛について、東大寺《とうだいじ》は「天下の気遣いは仕方ないが、ともかく無事に会見が終了したことはお目出たい」(『東大寺雑事記』)と記し、新庄直定が朽木元綱へ宛てた書状でも、秀頼の上洛によって天下泰平になったことが記された(『朽木家文書』)。これはいずれの陣営に属するのかを決めかねていた大名だけではなく、畿内やその周辺の多くの人々も、両陣営による戦争勃発の不安におののきながら、その成りゆきに注目していたからである。

政局の行方を読み出す諸大名

慶長十六年(一六一一)三月二十五日、竹中重利《たけなかしげとし》へ宛てた加藤清正の書状(「大阪城天守閣所蔵文書」)によると、加藤清正は、病気である旧友の福島正則を見舞うのは、秀頼上洛前だから控えると述べている。宛所の竹中重利とは、重治《しげはる》(半兵衛《はんべえ》)の従兄弟として秀吉政治にも参画し、関ヶ原の戦いでも、当初は西軍に属したが東軍へ転向した典型的な豊臣系の大名である。二条城の会見に対し、福島正則は仮病と称して会見に臨席しなかったとされるが、実際、病気であったようである。加藤清正が心置きなく交流できる人物の一人であり、この書状には清正の本音が記されていよう。

またこの書状では、加藤清正は明日に控えた茶会で、竹中重利と秀頼の処遇でも語るつもりであった。とくに清正は、秀頼が上洛する前に竹中重利と会いたかったようであるが、急な家康からの呼び出しで、欠席することを詫びている。この清正の言葉から想像されるように、事態がしだいに徳川方

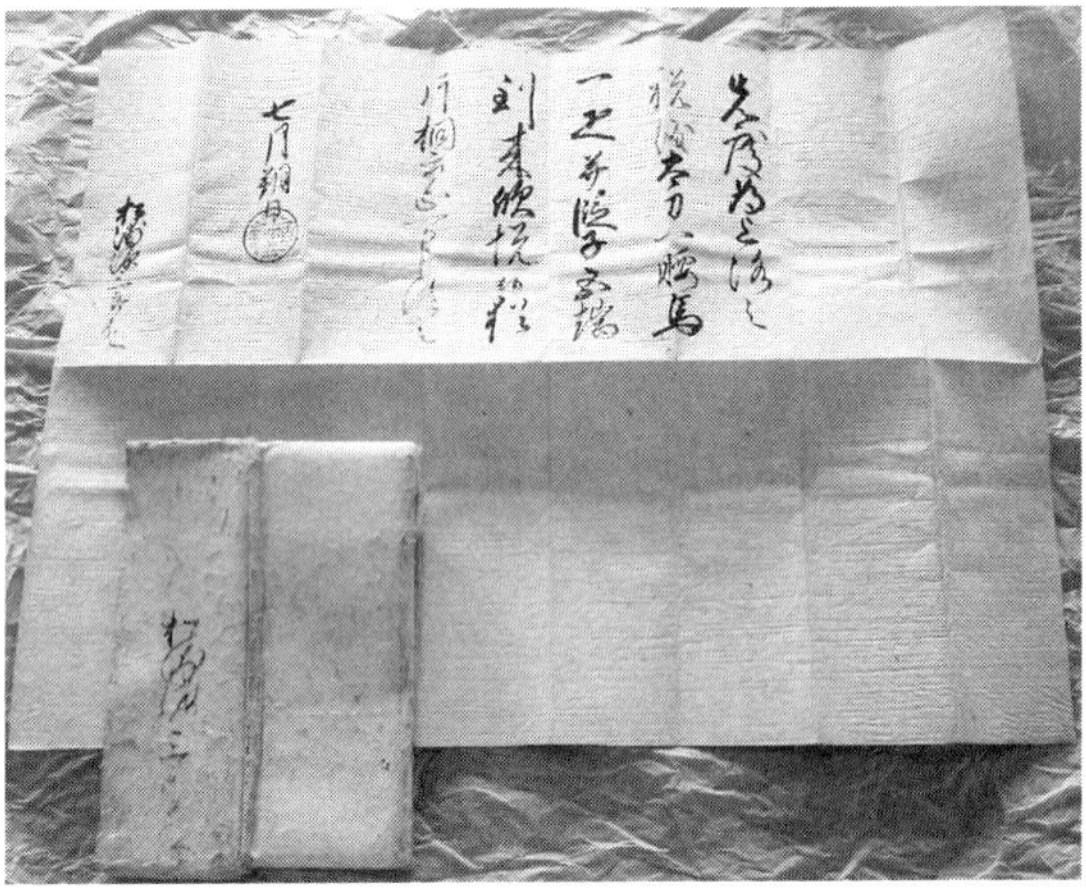

12――7月朔日付松浦隆信宛ての秀頼御内書

の思惑通りに動いており、秀頼のことだけではなく、豊臣系の大名も自らの立場を考えることが必要になってきた。豊臣家と親しい福島や浅野、加藤だけではなく、あるいは島津や前田らの諸大名は、時代の流れを読むことが重要になってきた。

慶長十六年四月六日、秀頼自身が徳川方に書状を出した（「京都帝国大学所蔵文書」）。徳川方からの鷹の献上に対する礼状である。これについては、同年三月二十八日、秀頼と家康の会見が京都の二条城で行われた際、「家康公より秀頼公へ被進物、御刀一腰、御脇指一腰、御鷹三居、御馬十疋《ひき》」（『当代記』慶長十六年三月二十八日条）とあり、たしかに秀頼は、家康から刀剣類および鷹三連や馬などを贈られた。その時の秀頼の礼状が四月六日付のものであろう。

さらに秀頼は、同年四月十一日、稲葉典通へ宛てて御内書を出した（「津久見大石氏蒐集文書」）。今回の上洛に対し、稲葉典通が秀頼に杉原紙《すいばらがみ》を進呈したが、それに対する礼状である。七月朔日にも、秀頼は、松浦《まつら》隆信《たかのぶ》（肥前平戸城主）から、今回の上洛に対し、「太刀一腰」が贈答されており、それを感謝する御内書を出した（「松浦文書」松浦史料博物館所蔵）。二条城の会見に対し、諸大名はこのように大坂方に礼を尽くしていた。

その一方で、「（慶長十六年十二月）廿七日、石川主殿助敦高（忠総）、為越年参着、出御前、美濃・尾張・三河《みかわ》・遠江《とおとうみ》之諸侍、悉為越年参府、今日対馬国《つしまのくに》柳川豊前守《やながわぶぜんのかみ》（調興《しげおき》）、朝鮮人参・芫菁《げんせい》・肉従等之薬種、献之云々、晦日、此両三日、日本国諸大名、為歳暮之慶賀、金銀・御服等献之、不遑《いとま》枚挙云々」（『駿府記』慶長十六年十二月二十七日条）との状況にある。豊臣系のとくに西国大名ばかりではなく、「日本国諸大名」はたとえ越年をしてまでも、しだいに駿府の家康に参集するようになっていった。秀吉恩顧の大名であっても、そろそろ時代の流れを理解するようになってきていた。このことは二条城の会見が契機となり、これまでの徳川方の思惑が功を奏してきたともいえよう。

大坂方の勧誘

政局の行方が、しだいに徳川方へ傾きつつあった。一方の大坂方の動向はどのような状況であったのか。これについては、慶長十七年と推定される十一月十二日、片桐且元から吉川広家《きつかわひろいえ》へ出された書状（『吉川家文書』）が参考になろう。これによると、片桐且元は吉川広家に対し、国許の蜜柑《みかん》や鮓《すし》を進呈してくれたことを謝しながら、広家が駿府や江戸へ赴き、そこで家康や秀忠とも良い関係になったことを大変に評価し、あるいは家康自らが鷹狩で得た鶴を大坂方へ進呈してくれたことも記した。さらに片桐且元が、このように大坂方と徳川方や諸大名の関係が良好であることを報告すると、秀頼がそれを大変喜んだとも述べた。

なおこの書状を慶長十七年と比定するのか否かの判断は大変に難しい。しかし片桐且元は、自らが徳川方と大坂方の両陣営を行き来し、双方のバランスをとりながら、その苦労ぶりを大名に表明している。このことから、その時期は慶長十七年から大きくずれることはなかろう。前述した大名や家康の贈答に喜ぶ秀頼から推測すると、その数が減りつつあるという時期が想定される。

片桐且元は吉川氏に対し、「今後、上方からの指示も承知して下さるよう宜しくお願いします」と述べ、さりげなく大坂方の御用にも、対応するよう指示した。これが当時の実態だったのではなかろうか。

2　慶長十六年の領内検地と徳川方の知行宛行

徳川方に対抗する検地

秀頼は、慶長六年（一六〇一）から慶長十七年まで、摂津・河内・和泉の三ヵ国において、ほぼ毎年検地を行ったとされる。この検地において、反別《たんべつ》の生産高である石盛《こくもり》を引き上げることによって、田畑の上々・上の部分の耕作比率を増大させ、名ばかりの名請人や入作者を極端に増加させるなど、年貢の増徴だけを目的としたものとされる。この検地を実施したのは、徳川方と軍事的に対抗する必要があったからであり、きわめて軍事的な意味合いの強いものとされる（竹安繁治『近世封建制の土地構造』）。農民側からすれば、とても厳しいものであった。

秀頼は、二条城の会見後の慶長十六年の秋にも、摂津・河内・和泉三ヵ国で検地を命じた。これに関しては、慶長十六年三月二十三日付で片桐且元へ宛てた崇伝書状を参考にしてみよう。

先述したように二条城の会見に先立ち、片桐且元は、駿府へ下交渉に赴いていたが、その彼が駿府から戻ると、崇伝から一通の書状を受け取った。近々、河内渋川《しぶかわ》郡で秀頼による検地が行われ、崇伝の関係する真観寺《しんかんじ》という寺院も、その検地を受けることとなったとある。そのため崇伝は、真観寺に対する処置を片桐且元に願い出たのである。今回の検地に際し、崇伝は自らの寺院の年貢免除を要求したのである。

崇伝はここで、同寺が「河内国では一番の石高を有する寺院」とか「(同寺の)堀構えの内はかつて少々あり」と称するが、「秀吉様の検地でも、少々の年貢を出すよう命じられた」とあり、秀吉在世中は、たいした寺院でもなかったようである。しかし今回は徳川方の政治ブレーンとしての立場を利用し、崇伝は自己の寺院を重要な寺院であることをアピールし、寺領を拡大させながら、なおかつその年貢免除の権利も得たようである。

そして最後に、「駿府の家康様からも許可を得ています。なお河内渋川郡亀井《かめい》村(現八尾市)真観寺の件ですが、今回のあなたの奔走のおかげで大変助かりました。、今後も継続するようひたすらお願い申し上げげます」(『本光国師日記《ほんこうこくしにっき》』)ともある。たとえ徳川方の立場に近い崇伝所縁《ゆかり》の寺院であっても、このように領主である大坂方に願い出たのである。それだけ秀頼の領内検地が厳しいものであったともいえよう。

崇伝の要求

慶長十七年（一六一二）十一月十三日にも、崇伝は、片桐且元に対し、河内国渋川郡亀井村の真観寺坊主たちの屋敷が年貢免除となったことを謝している（『本光国師日記』）ので、崇伝の要求はほぼ達成できたようである。

続けて崇伝は、片桐且元に対し、河内国渋川郡亀井村と鞍作《くらつくり》村（現大阪市平野区）にも、真観寺の保有する手作分の田畑があることを述べ、今回の検地で、過重な検地増分が発生したことを指摘し、暗にこれを免除してくれるよう示唆した（『本光国師日記』）。厳しい秀頼検地に対し、崇伝は、ひたすら検地増分による年貢増大を訴え、その免除を願い出た。それまでの秀吉検地に対しても不満を述べており、秀頼検地の過重な年貢に対する抵抗だけではなかろう。

その後も崇伝は、片桐且元に対し、「寺屋敷の年貢について、ご免除をいただき忝《かたじけな》く思っております」「あなたの判断で寺領を寄進して下さり、今後も、我が寺が存続できるよう宜しくお願いします」（『本光国師日記』）ともあり、徳川方の優位な状況につけ込んだ崇伝の強引な主張が行われたようである。これは大坂方における片桐且元の立場を熟知した巧妙な要求であった。秀頼検地も、実は片桐且元が主導するものでもあった（拙著『片桐且元』）。

崇伝が主張した寺への寄進分については、慶長十八年正月十一日条に「真観寺領寄進之市正殿書出写来、慶長十七壬子十二月廿三日之書出也」とあるので、最終的に崇伝の主張が認められた。先代からの秀吉検地を継承すべき秀頼の検地であったが、このようにして徳川方の要望によって崩されたのである。

秀頼の領内統治

一般的に厳しい検地とされる秀頼検地（あるいは片桐検地）ではあったが、このように徳川方からの揺さぶりもあった。その一方、秀頼領内では、在地の争論が直接豊臣氏へ提訴するようになっていた。このことは当該期の在地において、地域の土豪《どごう》層らが従来から有していた中世的な在地裁判の慣行が、完全に否定されていたことを物語る。すなわち封建領主としての秀頼は、すでに中世的な在地権限を吸収し、村落からの提訴に応じる近世的な裁許システムを確立させていたともいえる。片桐且元の家臣多羅尾半右衛門《たらおはんえもん》の知行地では、収穫高と物成《ものなり》および年貢形態だけを記した、きわめて簡素化された近世的な年貢割付状が発給された。大坂の陣後、このような年貢形態がこの地域で継続されており、秀吉の代から行われていた近世的な在地支配は、秀頼も確実に引き続き行っていた。あるいは秀吉による在地支配をさらに確立させていたかもしれない。秀吉政治の後継者としての道を歩んでいたのである。

関ヶ原の戦いの論功行賞

秀吉政治の後継をめぐることをテーマに、秀頼や家康政治の実態をみてきたが、さらに重要な問題がある。関ヶ原の戦い後、国家運営の主導権を掌握した家康によって、戦後処理として行われた知行宛行である。いわゆる西軍に与した大名は、敗将として処刑・改易および減封の憂き目にあったが、それらの領知は、論功行賞として、東軍大名をはじめ諸領主に知行配分する必要があった。これらの作業によって、それまで秀吉朱印状によって確認された知行が反故《ほご》にされる可能性もあったのである。

たとえば、慶長六年十月五日、大和春日社《かすがしゃ》の社司祐範《すけのり》は、これまでの知行所がどうなるのかは知れないと案じながら、家康から新たな朱印状が下されるかもしれないが、その際、秀吉の朱印状が破棄されることはないとも述べている（『祐範記』慶長六年十月五日条、大宮守友『近世の畿内と奈良奉行』）。畿内の寺社側がこのように心配をしたのは、地域的に考えると、彼らが西軍あるいは大坂方に近い存在と思われたからであろう。とくに畿内や周辺の寺社側が、このような危惧を持ったことは事実であろう。しかしそれまでの秀吉朱印状が反故にされるどころか、「太閤様御朱印」の有効性が、ここでも確認されたことは注目すべきである。すなわち秀吉政治が否定されるどころか、家康の手によって継承されたのである。

大名へ出される知行宛行もほぼ同様であり、関ヶ原の戦い後、家康の奉行人とともに秀頼の後見人である片桐且元などが連署した知行目録があるのは、そのためである。これらには必ず「御朱印を重而申請進之可申候」とあり、家康は自らの朱印状を出すと明言した。しかし一通の領知朱印状も出すことができなかった。これは秀頼ら大坂方の存在を無視できなかったことでもあろうが、関ヶ原の戦い後、家康は秀吉政治を否定する必要もなく、その後継者を目指したとする方が合理的と考えたからである。ここでも、秀吉政治を継続することの重要性を知ることができよう。

慶長六年（一六〇一）二月二十三日、片桐且元は駒井重勝《こまいしげかつ》に対し、知行宛行に関する秀吉朱印状一通を受領したことを伝え、次回会った際には返却することを伝えた。関ヶ原の戦い後、大坂方も、諸大名から秀吉朱印状を回収し、改めてこれを返すことを通達しており、秀吉政治の継続を目指したのである。関ヶ原の戦いの戦後処理として、このように知行宛行が行われており、かつての豊臣蔵入地の支配にも、片桐且元が大坂方の代表として、きわめて重要な役割を担っていた（拙著『片桐且元』）。

秀吉朱印状の有効性

このように関ヶ原の戦い後の知行宛行については、大坂方は優位な立場にいた。ところが徳川方も、各大名にこれまで領知として認めてきたものを再審査する施策に出た。慶長十八年二月、家康は、改めて「御朱印（家康朱印状ヵ）」を出すとの指示をしながら、秀吉朱印のある知行宛行状を提出させ、かつて徳川奉行衆から出された書出と領知分の郷村帳を添えて、確かな人物に持たせ早々に来るように命じたのである。もし徳川奉行衆の書出がない場合は、自分たちの検地帳に従い村高を書付けて持ってくるようにとも命じた（『薩藩旧記雑録後編』）。このような家康の指示は、毛利氏や黒田氏をはじめ各地の大名へ出され、東国の相馬《そうま》氏にも、ほぼ同様なものが出されている。

ここで問題になるのは、諸大名らが徳川方へ提出する「書出」であるが、おそらく慶長六年に実施された知行宛行の際に作成されたものと思われる。ところがこれをすべて所持している大名が少なく、この際も、さらにそれ以前の秀吉朱印状が基準となっていたようである。

このことを裏付けるように、相馬氏からの事例では、この朱印改めを担当した伊丹康勝《いたみやすかつ》の家臣が、相馬氏側に「あなた方の知行高四万九八〇一石四斗五升四合の書類は、そちらから提出されて、これはたしかに受け取りました。ただし、家康・秀忠様や奉行衆の承諾書はありませんが、太閤様の朱印状はただちにお返しいたします。今後、徳川方の朱印状が整い次第、発給いたします」（『相馬藩世紀』）と述べている。

このようにみてくると、関ヶ原の戦い後の慶長六年、家康を中心として行われた論功行賞としての知行宛行は効果的であったようにみえたが、一〇年以上も経った時期になっても、家康や秀忠から領知朱印状が出されていた様子がない。むしろ慶長六年に行われた家康主導の知行宛行も、実は秀吉政治によって行われたものを追認しただけである。諸大名からすれば、家康によって自身の領知が安堵されたわけではなく、むしろ大坂方も承認した知行との認識であったのかもしれない。ここにも秀吉政治が継続し、その継承者が誰であるのかが問題であったのである。秀吉の領知朱印状がきわめて有効的なものであったことが知られる。関ヶ原の戦い後、覇権を握った家康でさえも、大坂の陣が終了し豊臣氏が滅亡しても、領知に関する朱印状を出すことはできなかった。それはたとえ「重ねて朱印状」を出すと記しても、まったく朱印状発給ができなかったのである。

これは関ヶ原の戦い直後、慶長六年の論功行賞の知行宛行以来のことである。だからこそ、大坂方の片桐且元などを加えた徳川奉行衆の知行宛行に関する連署状が重要であった（拙著『片桐且元』）。

つまり家康主導の知行宛行であっても、あくまでも秀吉朱印状が効力を発していたのである。秀吉政治の継承とはこのことを念頭に入れるべきである。その意味では、大坂の陣後、元和三年（一六一七）の秀忠朱印状の重要性が際立つともいえよう。徳川政権の確立とは元和三年から始まるのである。

3 家康の対外政策

東国政権の外交実態

大坂方に対抗しながらも、家康が全国支配の覇権を握りつつあったことは事実である。このような状況下、家康は、従来の秀吉政治を継承することによって、諸大名の理解を得ていたはずである。秀吉政治を否定し、新たな政権構想を打ち出したわけではない。

ところで関ヶ原の戦い後、徳川方は、国家運営の拠点である伏見を支配することはできたが、もう一つの秀吉政治の拠点であった大坂を掌握することができなかった。秀吉政治と家康政治の決定的な違いはここにあり、これまでみてきたように家康は、日本列島全域を支配できる状況にはなかった。そのため徳川方は、駿府・江戸を拠点とする政権の形成に腐心することとなり、伊勢湾沿岸の地域編成の支配にも躍起《やっき》となった（拙著『秀吉・家康政権の政治経済構造』）。このような過程があったからこそ、秀忠以降の江戸幕府の成立過程において、大坂以西だけではなく、尾張や紀伊をはじめとする伊勢湾周辺の地域も、全国統治に影響をおよぼすようになったといえよう。家康からすれば、大坂の豊臣氏や九州大名の貿易に対抗し、浦賀の開港やスペイン外交の可能性をさぐることまで想定することになった。まだ徳川方は大坂や長崎の地を掌握しておらず、まさにこれが家康政権の主な特徴であった。秀忠以降の徳川政権がその政権運営を安定化するため、諸大名の貿易を統制する方向へ向かわせ、その過程で鎖国体制の原型が形成されていったのとは対照的である。

ところで慶長十一年（一六〇六）八月十一日、家康側近衆の安藤直次《あんどうなおつぐ》・成瀬正成《なるせまさなり》・松平正綱《まつだいらまさつな》・本多正純《ほんだまさずみ》は、向井忠勝《むかいただかつ》に対し、浦賀に漂着した南蛮船の司令官と家康が面会することを了解したことを伝えた（「向井家譜」）。

秀吉以来、ヨーロッパ諸国との貿易は、マカオを拠点とするポルトガルとの間で行われ、まず、マカオ～長崎という交易ルートが形成された。秀吉の死後も、寺沢正成《てらさわまさなり》が奉行となり、長崎における貿易管理が行われ、この交易ルートは定着していた。関ヶ原の戦い後も、このような状況が続いていたからこそ、家康は、従来の貿易ルートとは別のものとして、ルソンを拠点とするスペインとの交易を強く求めたのである。しかしルソン（＝スペイン）との交易は、すでに九州の島津氏や加藤氏らも行っており、東国を拠点とする家康が参入できる余地は少しもなかった。しかし秀吉以来の外交権を継承し、政権継承者の立場を家康がアピールするためには、何とか積極的な対外政策を主導する必要があった。

そこで秀吉と同様、家康も中国貿易の確保を企図することになるが、秀吉の朝鮮出兵直後ということもあり、直接的に貿易の再開交渉ができるわけがなかった。そのため家康は、琉球王国経由の交易ルートを模索しながら、東南アジア諸国との朱印船貿易にも着手することにした。注意すべきことは、これらはけっして「和平外交」と評価すべき性格のものではない。これらの家康外交の延長に慶長十四年の琉球出兵を是認する当時の国内状況があったからである。少なくとも中国大陸とは、家康は琉球王国を制圧したうえで、琉球を介して中国と貿易再開交渉をするつもりでいた。家康外交の本質を熟慮すべきである。結局、慶長十五年、日本は中国側から拒否されてしまい、同年十二月、中国との公貿易の再開を断念したことは重要である（拙著『近世国家の形成と戦争体制』）。

このような折、慶長十四年九月、スペイン船サンフランシスコ号は上総《かずさ》岩和田《いわわだ》（現千葉県御宿町）に漂着した。この時期、スペイン船が東国の地に漂着したことが注目されるが、すぐさま同年十二月、家康はスペイン国王へ宛てて、ノビスパン（現メキシコ）経由で来航するスペイン船が日本のどの湊に着岸しても、その安全を保証するとの朱印状を出した（「スペイン国セビリア市印度文書館文書」）。さらに翌年の慶長十五年正月、家康は宣教師ルイス＝ソテロに仲介させ、スペインと協定文を取り交わした。その後、同年五月にスペイン国王へ宛てて、日本各地での貿易を許可する秀忠朱印状も出された。

このように家康は、早くも慶長十一年頃から、相模の浦賀を拠点とする貿易活動を考えており、それが慶長十四年、スペイン船の上総漂着を契機とし、スペインと貿易協定を結ぶことになったのである。家康によるこうした積極的な活動があり、慶長十六年五月、それが「この頃は京都町人（田中勝介《たなかかつすけ》）や米屋立成《りゅうせい》という者が家康様の意向でメキシコへ渡航し、商売をして帰国した。猩々皮《しょうじょうひ》（猩々緋、黒みを帯びた舶来の毛織物）を数多く持ち帰ってきたが、金銀はそれほどの量でもない。しかしながら当地は他の国や島よりも金銀は多いが、その住民（メキシコ人）は日本人の渡航を警戒しているようである」（『当代記』慶長十六年五月条）との記載になったのではなかろうか。ちなみに、メキシコ人が当時の日本人の渡航を警戒しているとの記載は気になるものである。

太平洋を横断する日本人

さらに慶長十六年（一六一一）九月二十二日、内藤主馬という武将は、その長さが一三間（二三、四メートル）もある、紫羅紗《むらさきらしゃ》（武家の好む紫の生地）を蔵から出した。これは彼が鷹狩りの際に用いる羽織であり、昨年、太平洋上にあるノビスパン国（現メキシコ）から持ち帰ったものである。

なおこのノビスパン国とは、日本から海路で八、九千里（三万二〇〇〇～四〇〇〇〇キロ）もある国で、当時はスペインが統治した。日本とノビスパン国の間には、これまでまったく通航関係はなかった。ところが前年、後藤《ごとう》光次《みつつぐ》（家康側近で金座《きんざ》を統括）が渡海することを希望し、それに応じて京都町人の田中勝介は当地へ赴き、今年の夏に戻ってきた。田中勝介らは、数色の羅紗と葡萄酒《ぶどうしゅ》を持ち帰り、例の紫羅紗もその一つである（『駿府記』慶長十六年九月二十二日条）。

これによると、日明貿易の再開を断念した慶長十五年以降、いよいよ家康は、スペインとの外交へ本腰を入れ、まさに太平洋外交を展開するようになっていた。こうして慶長十七年九月十日、徳川方の建造船サン＝セバスチャン号が太平洋へ向けて浦賀を出航するが、造船技術や航海者の未熟さもあり、すぐさま浦賀沖で難破してしまい、メキシコとの直接通商交渉の計画は断念した。

しかしこのような家康の事業は、伊達政宗によって引き継がれた。慶長十八年四月朔日、伊達政宗がスペインの宣教師ルイス＝ソテロへ宛てた書状によると、政宗は、ソテロに南蛮へ派遣する造船に関することを謝し、あるいは派遣する使節のメンバー選定や、そのメンバーが持参する荷物量のことまで指示した。そして、このメンバーのなかに徳川方の向井忠勝の配下がいることが明記されている（『引証記』）。

すなわちこのような伊達政宗の計画があって、慶長十八年九月十五日、支倉常長《はせくらつねなが》ら仙台藩の者一二名、徳川方の船奉行向井忠勝家臣一〇名、ソテロら宣教師やビスカイノら四〇名、その他日本人を含めた総勢百八十余人を乗せて、サン＝フアン＝バウチスタ号が、月ノ浦（現宮城県石巻《いしのまき》市）を出航したのである。いわゆる慶長遣欧使節の派遣であるが、これらはけっして伊達政宗の意だけではなく、徳川方の向井忠勝も関与しており、まさに家康外交の一環として行われた壮大なものであった。太平洋を越えて、メキシコやスペインを経由し、ローマを目指した外交使節も、実は家康外交の一環で行われていた。慶長遣欧使節の背後に家康の外交が潜んでいたから、先ほどの京都商人の田中勝介が太

13――慶長遣欧使節のサン＝ファン＝バウチスタ号（復元：東日本大震災後の写真）

平洋を渡り、メキシコとの通航関係を持とうしたことも、あながち軽視することができない。

島津氏の琉球出兵だけではなく、伊達氏による慶長遣欧使節の派遣も、実はすべて家康が仕掛けたものであり、これが家康外交の実態であった。

このうち琉球出兵については、慶長十四年五月八日付島津氏宛ての片桐且元書状によると、片桐且元は、島津氏が琉球へ出兵することは大変なことであろうが、「上方では大変に名誉であると噂される」と評した（『薩藩旧記雑録後編』）。琉球出兵という軍事行動は、けっして島津氏単独で行われたわけではない。家康の承認の下で琉球出兵が行われ、しかも大坂方もこの出兵を認知していたことが重要である。このように琉球出兵は、大名層においては周知の事実であり、しかも大坂方の片桐且元をもって島津氏の「快挙」ともいわしめた。このことはかつての朝鮮出兵が秀吉個人の「要望」によるものではなく、「国家間による日明貿易の再開」という大義名分があり、これをすべての大名層の支持するところがあったから、開戦におよんだことと同じ論理である。大坂方も琉球出兵を承知していたことからも、このようなことをうかがうことができよう（拙著『近世国家の形成と戦争体制』)。

ところで、秀吉の死後、家康は日明交渉(＝国家間による日明貿易の再開)を推し進めてきたが、慶長十五年十二月十日、本多正純は島津家久に宛てて、明朝と勘合《かんごう》貿易(国家的な朝貢貿易)を再開することを断念したことを告げた。しかしそのため中国の手前(おそらく現台湾のことか)に少々軍勢を派遣することを考えているので、その用意をして家康様の指示を待つようにしなさいと命じた。このような軍事要請を受けた島津氏は、そのために名古屋城普請が免除されている(『島津家文書』)。

かつての秀吉も、日明貿易の再開を目指して、朝鮮経由の「唐入り」(朝鮮出兵)を断行した。日明貿易の再開が海外派兵の名目であった。このような名目があったからこそ、日本列島のあらゆる人々がこれを支持したのである。

関ヶ原の戦い後、諸大名に先んじて覇権を握りつつあった家康も、このように琉球経由の軍事活動による日明交渉を模索したのである。単に大陸への軍事計画でしかなかったが、その名目として日明貿易の再開があったのである。朝鮮出兵の敗戦後、秀吉政治を継承する家康が、秀吉と同様に軍事的な外交姿勢を取るのはけっして不思議なことではなく、日明貿易の再開という方針を標榜したからこそ、諸大名だけではなく、大坂方も家康外交を支持したのである。朝鮮出兵の敗戦原因など、顧みるような状況ではなく、むしろ海外交易との必要性を感じ、太平洋を横断する勢いであった。

だからこそ家康は、ルソンを拠点とするスペインとの外交に着目したのであり、開港場として東国の浦賀を想定した。しかし、ここに脆弱な家康権力の現実も見え隠れし、徳川方としては、大坂方や九州大名よりも、強引に外交をリードしなければ秀吉政治を継承することにはならないという厳しい実情があった。家康のような東国大名には、大坂や長崎の地を掌握できていない課題が残されていたのである。家康が糸割符《いとわっぷ》制度として駿府にポルトガルの糸を配分した背景にも、このような事情があったと考えるべきであろう。当該期、島津氏による琉球・中国貿易、加藤清正のルソン貿易、宗《そう》氏（対馬）の朝鮮貿易なども行われており、さらに大坂には豊臣氏が存在するなど、当時の家康が長崎貿易を独占することはまったく困難なことであった。ここに浦賀の開港構想が出されたのである。

大坂の陣と徳川政権の外交政策

なお徳川方が長崎貿易を独占しようとするのは、大坂の陣後のことである。これは後述するが、秀忠政権による大坂の直轄化がなされ、その延長としての九州政策でようやく実現の方向へ向かうことになる。つまり徳川方が大坂を掌握し、さらに九州制圧を想定した西国支配のもつ意味がきわめて大きいのである。家康の浦賀開港（計画）に対し、秀忠以降は、九州大名の領内貿易を制限し、徳川政権の「長崎集中」を実現させることを重要な対外政策とした。徳川政権の貿易統制とは、単に経済力の独占だけではなく、大名統制の意味合いも重要な要素であった。

このようにして家康外交は、まず浦賀開港の可能性を探ることから始められ、そのためスペインとの外交交渉を繰り返した。一方のスペイン側も、ポルトガルのように早くから長崎やその他の九州地方に拠点を有していたわけではなく、そのため家康との交渉に応じるようになった。その結果、十七世紀初頭において、ルソン（現フィリピン）～浦賀（相模国）～ノビスパン（現メキシコ）～スペイン（本国）という、東シナ海をめぐる世界だけではなく、まさに「環太平洋世界」も想定されていたのである。家康の段階では、オランダ・イギリスが登場することが議論されてきた。これには、ポルトガルの中継貿易（＝長崎）の重要性を低下させる意味はあったが、実は家康が長崎貿易に直接介入できる状況にはなかったのである。

なお家康が想定した開港場として浦賀の地は、海流や当時の技術力では、東京湾内に廻船が自由に出入りするのがきわめて困難で、国際貿易港として活用することは無理であった。そのため家康は、スペインとの太平洋外交を仙台の伊達政宗に託したのである。これが慶長遣欧使節が実現した経緯である。

4　秀頼の成長

秀頼・家康・天皇の鼎立

ここまで慶長五年（一六〇〇）の関ヶ原の戦いから、慶長十八年に慶長の遣欧使節が派遣されるまでの期間において、秀頼を中心とする大坂方の状況を記述してきた。これらを整理すると、以下のようになろう。

秀頼が誕生したのは文禄二年（一五九三）八月、その父秀吉が死去したのは慶長三年八月十八日で、秀頼は当時六歳だった。この時、秀頼の官位は従二位で権中納言《ごんちゅうなごん》である。その後、慶長五年九月十五日の関ヶ原の戦いを経て、慶長七年、秀頼は正二位として右大臣《うだいじん》に就任した。さらに慶長八年四月、内大臣《ないだいじん》に就くが、この昇進は、同年二月、家康が征夷大将軍《せいいたいしょうぐん》に就任したことに合わせたものである。家康の将軍職就任をもって「江戸幕府」の成立とする見解が古くからあるが、同年七月二十八日、秀頼は家康の孫娘千姫との婚儀を執り行う。これは家康の政略結婚であるが、その当時は秀頼の関白就任も噂されたことが重要である。つまり豊臣・徳川を一体化させることによって、当面の国家運営がなされようとしたのである。両陣営の「思惑」である。翌慶長九年八月、秀吉の七回忌として決行された「豊国社臨時祭礼」には、そのような雰囲気を感じさせるものがあったともいえよう。

両陣営の対立へ

その後、慶長十年（一六一〇）四月、秀頼は右大臣へ昇進し、「右府殿」とも称され、豊臣氏の若き後継者として期待された。ところがほぼ同時に、家康の嫡子秀忠が征夷大将軍に就任する。家康は将軍位の世襲化をアピールすることで、徳川氏の国家運営がなされていることを強調し、秀頼には上洛を命じた。この秀頼上洛は実現しなかったが、ここに豊臣・徳川の一体化が崩れ、大坂方と徳川方との抗争が一気に明らかになったのである。しかしこの頃、秀頼は畿内やその周辺で鷹狩りをするなど、秀吉政治の後継者としての立場を堅持している。

ところで慶長十三年二月、一六歳の時、秀頼は疱瘡に罹《かか》り、一時は危篤《きとく》状態にまで陥ってしまう。

しかしこの病気平癒《へいゆ》を介して、大坂方と朝廷側が接近することとなり、両者の関係がそれまで以上に深まった。しだいに権力を拡大させる家康に対する両者の思いが、両者の接近をもたらせたから、秀頼は左大臣《さだいじん》に就任することとなった。さらに慶長十三年の秋頃、大坂方は、それまで各地へ命じた寺社の造営だけではなく、京都方広寺大仏殿造営の材木調達を各地へ要請したが、これは各地の諸大名を巻き込むような全国的な事業でもあった。ほぼ同時期、徳川方による江戸・駿府・名古屋城の公儀普請が行われたが、これに対抗するものであった。

秀頼に対する家康政治

こうして秀頼も、しだいに地位を向上させてきたが、これに対する徳川方も、ただ手をこまぬいていたわけではなかった。関ヶ原の戦いの戦後処理を終えた家康は、伏見から江戸、さらに駿府へ拠点を移し、とくに慶長十二年（一六〇七）、公儀（天下）普請として駿府城の普請に諸大名を動員し、駿府城を拠点として天下人の政治に着手したことの意味は大きい。秀吉以来、猿楽者は大坂城に詰番するなど、保護されていた。このような慣行を秀頼が継承したが、慶長十四年の秋、家康は大坂城の猿楽者を駿府城に招いて保護するようにした。これは単に猿楽者の保護だけの問題ではない。かつて秀吉は猿楽者への「猿楽配当米」を大名から徴収しており、秀吉が諸大名に対し「猿楽配当米」の徴収を介して統制を行っていたからである。家康はこのような権限を奪ったことに他ならないのである。たしかに慶長十三年までは秀頼も天下人として秀吉政治を継承していたが、これを家康は難なく奪ってしまったことになる。

慶長十五年、秀頼は京都の方広寺大仏殿の再建工事を開始し、同時に秀吉十三回忌としての臨時大祭を行った。これは両者の抗争が顕在化するなか、秀頼が秀吉政治の後継者としての立場を明確なものにしたのである。このような事態に対し徳川方は、大坂の秀頼に対し、家康との会見を申し入れて、秀頼の上洛を要請した。しだいに両陣営の抗争が目立ってきたが、これを仲介していたのが、秀吉の死後、豊臣氏の家政を任された片桐且元である。片桐且元の考えは、当面は両陣営の軍事衝突を避けることであり、これは家康死後のことまでも想定したものであった。こうした片桐且元らの奔走もあり、慶長十六年三月二十六日、両者の二条城会見が実現した。秀頼一九歳、家康七〇歳の時である。

Ⅲ　勝敗の転機

14── 大阪城天守閣
秀吉の大坂城は上町台地の北端に位置し，周囲を河川などで守られた．秀吉死後，二の丸・三の丸に加え，大坂湾沿岸の船場も開発され，港湾都市としての機能も高めていった．

1　秀頼の健康状態と朝廷の動き

疱瘡を患う秀頼

秀頼には帝位に就くことができない「種々なる事情」があり、その理由として彼が幼少であったことがまず挙げられる。このことは彼が長ずるに従えば、それは解消されることになるが、慶長十三年（一六〇八）二月、秀頼は疱瘡《ほうそう》を患ってしまう。一六歳の時である。

この病状については、慶長十三年三月三日付曲直瀬道三《まなせどうさん》（玄朔《げんさく》）宛ての高台院（おね）書状で知ることができるが、それによると、「お返事をいただきましたが、ここには秀頼の病状に関する状況が詳細に記されており、本当に嬉しく存じます。一、二月二十九日昼、秀頼に快適な便通があり、その後も順調なことであることを大変に嬉しく思います。一、三月朔日になると、気分がよくなり、その晩は脈も一層よくなりまして、本当に良かったことと思います。これらはあなたのお手柄であり、私も大変満足しております。あなたの手紙の通り、たくさん採血した後であり、そのままだと秀頼が枯れ木のようになることは当然のことかと思います。あなたが献身的な治療をしてくれたからこそ、このような良い知らせを聞くことができたのです。本当にあなたの処置には感謝いたします。さらに精進することと存じますので、本当に嬉しく、安心もしております。まずここでいいたいのは、秀頼の快方を毎日祈っていましたので、本当に安心したことです。繰り返しあなたからのご報告の手紙を読み、こんなに嬉しいことはございません。これまでのあなたの気詰まりも推測いたします。なおこんな嬉しいことを聞きありがとうございます」（「大阪城天守閣所蔵文書」）とある。

秀吉夫人である高台院と秀頼を診察した医師玄朔の間で交わされたものであり、かなり信頼性の高い内容であろう。秀頼は一時かなり危険な状態になったことが高台院へ伝えられたのである。

秀頼が疱瘡に罹《かか》ったのは、慶長十三年二月六日から翌日にかけてのことである。しかし二月二十三日、淀殿の侍女大蔵卿は、醍醐寺《だいごじ》の義演に秀頼平癒の祈禱を依頼しており（『義演准后日記』二月二十四日条）、少なくとも二週間以上は、その病状が好転することがなかったようである。高台院の書状でも、このことが確認できるが、秀頼の病状は一ヵ月近くも好転しなかったことになる。「秀頼公、寒熱頭痛ナリ、加文苛便瀉、寒熱頭痛同前、同剤去奴加求朴、熱去痘初見、疑似未難明、前剤（無加葯《むかやく》）痘、正見太多色赤、神功散」（「医学天正記」『大日本史料』一二編二三）とあり、ここでも玄朔に疱瘡の診察を受けたが、秀頼には、寒気、発熱、頭痛の病状や熱が下がった後には赤色の痘がみられた。そのため玄朔は、秀頼に「神功

15—高台院

散」を処方したようである。

このような玄朔の献身的な介護もあり、三月に入ると、秀頼の体調は回復し、義演も「(三月二日)殿下御疱瘡、早速御快気」と記しており、高台院の書状通りである。さらに「(三月)十三日、晴、秀頼公御疱瘡験、今日御湯被召之由」ともあり、酒湯《ささゆ》を行うまでに回復したのである。

ところで「当春、秀頼公疱瘡令煩給時、天神御使とて色々有吉瑞と云々」「秀頼公、煩漸本復、北野天神影向有奇特と云々」(『当代記』慶長十三年二月条)とあり、

秀頼平癒の祈禱

醍醐寺だけではなく、北野天神社《きたのてんじんしゃ》をはじめ多くの寺社において秀頼平癒の祈禱が催された。秀頼の病状が悪化するのにともない、大坂方は、各地の寺社を動員し、病気平癒のための祈願儀式を催したが、紀伊の浅野氏は、このような儀式に使者を送り、献金も行う態度を表明した(『浅野家文書』)。大坂方の祈願儀式に対し、諸大名はこれを支援することを表明したのである。秀頼の病気をめぐり、諸大名も、微妙な動きをみせてきた。

さらに秀頼の病状が回復すると、大坂方は、その見舞いの使者に対する感謝の意をあらわす書状を出した。このような書状からも、各地の大名らは秀頼へ見舞いの使者を派遣し、寺社による祈禱儀式も各地で行われたことが知られる。大坂方からの返礼は、多くは片桐且元らが出しているが、このことを通じて、その大名らとの関係を長く維持しようとしたことが知られる。四月二十二日付で島津氏へ宛てられた且元の弟である片桐貞隆《さだたか》の書状によると、大坂方は、諸大名らが大坂まで見舞いに来る

ことを固辞した。このことは秀頼の言葉として強調されており、もしも何かがあれば、こちらから「御用」を知らせるので、その時は頼むとの含みのあるいい方をしている。しかもわざわざ「上方」の状況は、一段と静かであるとの表記も気になる（『薩藩旧記雑録後編』）。おそらく秀頼の病状が契機となり、秀吉の後継者をめぐる大名や寺社らの細かな動きがあり、それによって上方の状況が一時は騒然となったのではなかろうか。

秀頼が松丸殿（京極竜子《きょうごくたつこ》）へ使者（侍女）二人を遣わした時の書状があるが、秀頼自身も病中見舞いの礼状を出していたのである（「観音寺《かんのんじ》文書」）。これによると、京極高次《たかつぐ》（近江大津《おおつ》城主）の妹竜子も、また秀頼を見舞うために大坂城へ赴いた。冒頭の文章が儀礼的な慣用句で始まり、その内容も今回特別なことを竜子がしたわけではないとあるが、両者の間は、常日頃から深い交際があったことが知られるものである。これは竜子が秀吉の側室であり、さらに秀頼の母親淀殿の妹、つまり秀頼の叔母である常高院《じょうこういん》（初《はつ》）が京極氏へ嫁いでいたこともあろう。それよりも秀頼は、病状の回復後、このような見舞いに対し祝儀まで出していたのである。単なる儀礼といってしまえば、それだけではあるが、両者の親密さもさることながら、あくまでも儀礼であるからこそ、京極氏だけではなく、多くの諸大名らにも送っていた可能性があろう。これは、秀吉後継者である秀頼の病状をめぐる政治諸集団の交流ともいえようか。

このような大坂方の動きが、当該期における微妙な政治的雰囲気を有していたのか否かについては、慶長十三年（一六〇八）二月四日、「この頃大坂の秀頼公が疱瘡を患ったが、その病状は危篤《きとく》のようである。そのため西国や中国の大名らのなかには、秘密に秀頼様を見舞おうとする者がいる。これは家康公に憚《はばか》ることかと思われる。とくに福島正則は、至急大坂へ赴きたいと申しているようである」（『当代記』慶長十三年二月四日条）との記事からも推察できよう。

秘密裏に見舞う諸大名

危篤状態となった秀頼に対し、西国の大名らは家康の目を気にしながらも、「秘密裏」に見舞いの使者を送ろうとした。秀頼の病状が契機となり、とくに秀吉恩顧の大名の動向は注目されていたのである。しかもこの時期、各地の大名は、駿府城の普請に動員されており、たとえこれが秀吉以来の公共事業として動員されたという名目があっても、諸大名側には、徳川方の陣営に加わったとの認識はあったはずである。また徳川方からすれば、このような諸大名の動向こそが最も気になった時期である。徳川方の目も気になる状況にもかかわらず、京極氏だけではなく、島津氏らは、秀頼を見舞う使者を大坂へ派遣した。さらに浅野氏なども、大坂方の主催する祈願儀式へ代参することを表明したのである。

一方の大坂方では、諸大名からの見舞いを固辞しながらも、もし大坂方で何かあったら、こちらから知らせると示唆し、同時に上方の情勢は静かであるとも表した。諸大名の動向をめぐり、大坂方と徳川方の立場は微妙な関係になっていた。秀頼の病状をめぐり、思わぬ事態になったのである。

朝廷の動向

慶長十三年(一六〇八)三月十六日、片桐且元から熱田《あつた》神宮《じんぐう》の惣検校《そうけんぎょう》(馬場《ばば》光仲《みつなか》)へ出された書状があるが、これによると、大坂方は熱田神宮に対し、秀頼の病気平癒のためお祓いと熨斗《のし》を献上し、一方の神宮側からは、包丁と鰹をお礼として送ったことが知られる(「馬場家文書」)。一時期、危篤状態まで陥った秀頼の平癒祈願は尾張の熱田神宮などでも行われたのである。病気が平癒した四月八日にも、「今回、秀頼が病気となったので、御神楽《みかぐら》などさまざまな儀式を熱心に行い、病気を平癒させることができた。そのため秀頼が、使者として片桐且元を上洛させ、大鷹一〇丁と白銀一〇〇枚を献上した」(『御湯殿上日記《おゆどののうえ》』慶長十三年四月八日条)とある。朝廷側も、秀頼の病気平癒を願う御神楽などの儀式を催したが、それに対する大坂方も、内侍所《ないしどころ》の祈禱に感謝するため、使者として片桐且元を送った。大坂方と朝廷の関係は、親密なものになっていたのである。

五月二十四日にも伊勢神宮で大神楽があり、「これには大坂の秀頼様の乳母が参詣し、秀頼様並びに母親を祈禱して行われた」(『当代記』慶長十三年五月二十四日条)とある。秀頼の病気中、秀頼の乳母が伊勢神宮へ病気平癒の祈願を依頼したので、病気の平癒後、乳母は秀頼と淀殿の名で神宮側へ大神楽の開催を奏上した。これらは何気ない常識的な行事のような気もするが、当時の政治状況を勘案すると、秀頼の病状を契機としながら、大坂方と朝廷がしだいに接近していたことも推察されよう。

大坂方と朝廷の関係

秀吉政治の後継者をめぐる大坂方と徳川方の抗争が激化するなか、その両者を争わせるキーマンとして朝廷の存在も見逃せない。

ところで秀頼に与えられた官位は、秀吉死去（慶長三年〈一五九八〉八月）当時、「従二位権中納言」であった。ところが関ヶ原の戦いの翌年にあたる慶長六年三月二十七日になると、「権大納言」へ昇進する。さらに翌七年正月六日の叙位によって「正二位」となる。

慶長八年二月十二日、家康は将軍職および右大臣に任官するが、その直後の四月二十二日、秀頼は「内大臣」へと任官する。つまり朝廷は、大坂方と徳川方の双方に対し、バランスよく叙位・任官を行っていた。このような両陣営の対抗があり、そして慶長八年の秀頼と千姫の婚儀を迎えたともいえよう。

その後の慶長十年四月十六日、徳川秀忠は将軍職および内大臣に任官されるが、その直前の四月十三日、秀頼も右大臣へ昇進した。

秀吉死後や関ヶ原の戦い後、家康の覇権掌握は急速に進んでいったが、朝廷もこのように家康や秀忠の昇進に合わせて、秀頼の任官昇任を行っていたのである。明らかに徳川氏の存在を意識した朝廷側の叙位任官であり、ここには大坂の豊臣氏、京都の朝廷、東国の徳川氏と「三鼎《みつがなえ》」の様相がみられたのである。国家運営の主導権を掌握しようとする徳川方に対し、大坂方と朝廷の接近が進んでいくのも自然であろう。

大坂方と朝廷の関係に対し、徳川方も黙っていたわけではない。慶長十一年四月二十八日、家康からの推挙なき場合の武家昇進を禁ずる方策が出され、これ以降、秀頼の叙位任官が行われなくなったとされる。近年の研究（吉田洋子「豊臣秀頼と朝廷」）によると、慶長十三年四月、秀頼の左大臣任官が行われた可能性の高い宣旨《せんじ》の存在が確認されている。まさに秀頼の病状悪化と重なる時期であり、これによると、朝廷が徳川方の施策に対抗し、秀頼の昇進を試みたことになる。前述した秀頼の病状が契機となり、その状況をうかがいながら朝廷側からも、大坂方に接近していったと考えられなくもないのである。

翌慶長十四年六月と七月になると、秀頼から白鳥四羽、片桐且元も手作りの瓜三つと諸白《もろはく》（清酒）三つを朝廷へ進上する（『御湯殿上日記』）など、たしかに大坂方も朝廷側へ接近していった。

このような大坂方からの動きに対し、朝廷側も、それなりに対応したようであるが、慶長十四年七月五日付で片桐且元へ宛てた勧修寺光豊《かじゅうじみつとよ》書状によると、大坂方から朝廷側へ贈られた白鳥は、御所内の池に放たれ、それを毎日天皇もみて楽しんでいるとあり、しかも「これは秀頼様が大切になさっていたものと聞いておりますし、特別な進上物だと了解しています」（「勧修寺光豊文案」）とある。朝廷側も、秀頼からの特別な進上であることを理解していたことになろう。

徳川方による朝廷干渉

積極的な両者の動きは、徳川方を大いに刺激したはずである。たとえば、それは慶長十四年(一六〇九)七月の官女密通事件を契機とし、家康の朝廷介入が顕著となることを挙げればよく理解できよう。さらに慶長十六年四月、後水尾天皇即位のために上洛した家康は、強い態度で朝廷の統制を行い、それまでの朝廷側の計画が頓挫《とんざ》してしまう。

このような動きこそが、慶長十六年の秀頼と家康の会見を実現させる要因になったともいえる。この時の秀頼は、家康と会見するため上洛したが、これについては、「慶長十六年三月二十八日、昨日はお目出たいこと(天皇の譲位)があり、正式な使者が御所へ参上した。この時秀頼公も上洛したが、家康様と対面があり、そのため大変お疲れになったので、帝(天皇)にはお会いにならないと板倉勝《いたくらかつ》重《しげ》が申していた」(「光豊公記」)との朝廷側の記録もある。

前述したことではあるが、この時の秀頼は、単に上洛して家康と会見し、その後、京都では豊国神社に詣で、方広寺大仏の再建工事を視察しただけで、そのまま大坂へ戻ってしまう(『義演准后日記』、『当代記』慶長十六年三月二十八日条)。秀頼は、ひさびさに上洛したにもかかわらず、まったく朝廷に接触していない。むしろこの記録によると、徳川方が意識的に秀頼と天皇を対面させなかったようである。徳川方である京都の板倉勝重が、「家康との会見で秀頼が疲労したから会うことができない」といったのは、口実以外の何ものでもない。この頃には、すでに徳川方の朝廷介入がかなり進行しており、大坂方と朝廷方は容易に接近する状況にはなかったのである。

その後の慶長十七年六月、公家衆は、家康から「家々の学問行儀の事、油断なく相嗜《たしな》み申すべ」きことと、「鷹つかい申すまじ」きことの二ヵ条を武家伝奏から命じられた。このことはすでに徳川方による朝廷介入を示すものであるが、これに対して公家衆は、それぞれ伝奏に宛てて請書を提出し、その請書の末尾には、京都所司代《しょしだい》の板倉勝重に誓約を伝えるとの文言が盛り込まれていた。家康は、すでに天皇を介することもなく、直接公家衆へ命ずることができるようになったのである。

2　秀頼の知行宛行

藤堂高虎への知行宛行

慶長十一年（一六〇六）九月十五日、伊予今治《いよいまばり》城主の藤堂高虎《とうどうたかとら》（この時は佐渡守《さどのかみ》）に対し、「備中国後月郡《しつきぐん》之内山上村」の「四百拾三石九斗六升」などと記された「朱印」のある「知行方目録」が与えられた（『高山公実録《こうざんこうじつろく》』）。この時の藤堂高虎には、さらに備中国内で「二万石」の知行地が与えられ、具体的には後月・小田・浅口郡二五ヵ村がその知行地である。この藤堂高虎への知行宛行については、慶長十一年九月二十六日、小堀政一《こぼりまさかず》へ宛てた書状において、片桐且元は、藤堂高虎が備中国内に「二万石」を知行することを了承し、米津清右衛門《よねきづせいえもん》（家康の奉行）と相談し、その知行地の村付けなどを記した「知行方目録」も作成することを約した（「佐治家文書」）。

16— 藤堂高虎

藤堂高虎へ備中国内に二万石の知行地を与えたのは、家康の意思によるものである。小堀政一がこれに関与したのは、彼が備中の国奉行であったからである。慶長十年代になると、家康は、畿内やその周辺の国々一一ヵ国に対し、自らの側近を国奉行に任命し、一国単位の支配を任せることにした。旧来の豊臣直轄領（豊臣氏蔵入地）や大坂方の領有する地が多くあり、さまざまな大名や領主の知行地が錯綜し、多くの職人動員などにともなう国役賦課に際し、指揮命令系統を強化するという名目で行った制度である。家康の立場からすれば、秀吉政治（豊臣）が色濃く残った地域であり、すぐさま支配しにくい場所であった。備中は伏見・大坂を拠点とする秀吉政治の影響下にあった地域だった。

なお当時の藤堂高虎は、和泉国佐野《さの》庄にも二五〇〇石余りの知行地を有しており、大坂方の片桐且元は、徳川方からこの領知と備中国二万石を合わせて領有できるような書類を、作成するようにも命じられた。佐野庄の知行地は、現地の農民らとの取り決めもあり、これも米津清右衛門と調整しながら、「知行方目録」を作成し、こちらは米津清右衛門から藤堂高虎へ与える形式が取られた（「佐治家文書」）。

その後の慶長十三年十一月十五日、藤堂高虎（この時は和泉守）は、それまでの伊勢津《つ》城主富田《とみた》信《のぶ》高《たか》（七万石）と入れ替わる形で、伊賀《いが》一国一万五四〇石、伊勢国の安濃《あの》郡と一志《いちし》郡で一〇万四〇〇石余り、伊予国の越智《おち》郡で二万石、合計二二万石余りを領有することになった（『宗国史』）。一方の富田信高は、伊予国宇和島《うわじま》城主として伊予国内に一〇万石余りが与えられた（「富田文書」）。この時の知行宛行も、大坂方の秀頼が承諾する形の知行宛行が行われた。

さらに慶長十五年三月十一日にも、小堀政一に宛てた書状で、片桐且元は駿府へ赴いたことを記しながら、藤堂高虎への備中国の知行宛行を了承し、その「知行方目録」を作成することを約した。ここで且元は「知行宛行の台帳にも書き入れます。その他、何でも公務に関することがあれば、こちらでいたします」（「早稲田大学図書館所蔵文書」）とも述べている。

知行宛行に対する秀頼の存在

慶長十一年（一六〇六）から同十五年にかけて、このように藤堂高虎は、家康の意向で各地で知行を宛行《あてが》われたが、知行地の具体的な村名を記した「知行方目録」は、大坂方が作成していたのである。しかもこのような知行宛行に関する土地台帳は、大坂方が管理していた。

関ヶ原の戦い後、国家運営の主導権を掌握した家康は、伏見城において、その戦後処理としての知行宛行を行った。慶長五年から同六年にかけて、敗将らから知行地を没収し、そのうえでの論功行賞としての知行宛行である。このような大幅な知行変更が、家康の主導で実施されたが、その一方では、大坂方の片桐且元を介した実務も行われていた（拙著『片桐且元』）。その後も、家康主導による

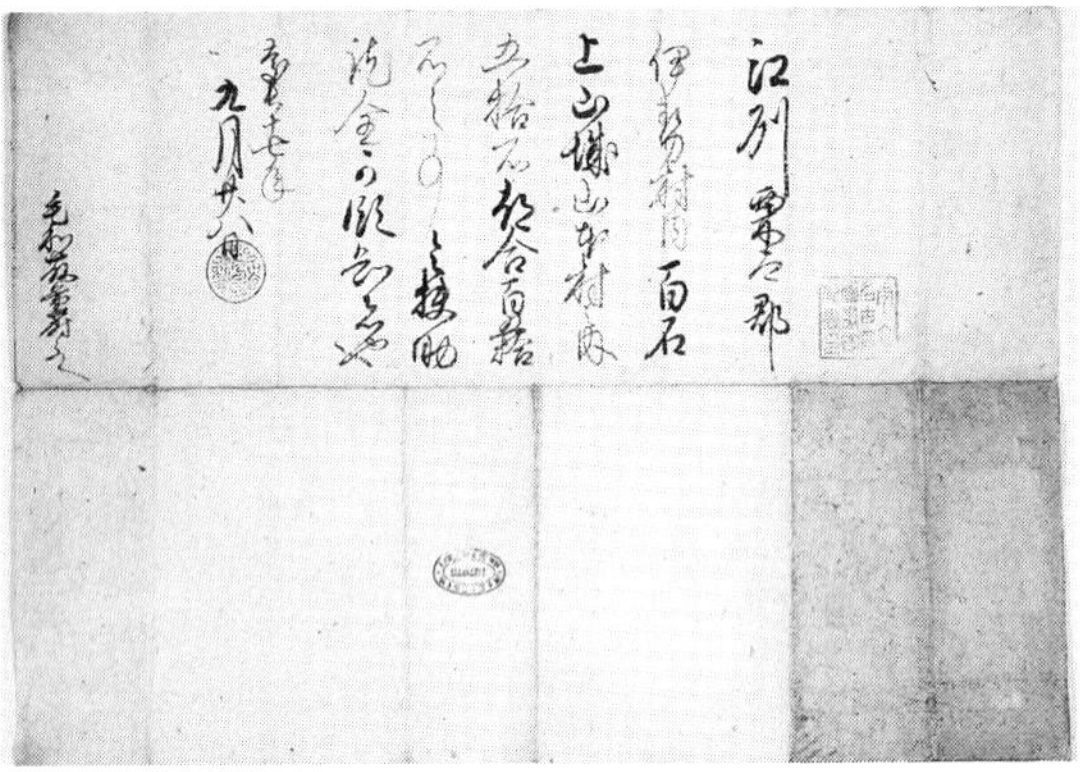

17── 秀頼の黒印状

知行宛行も行われたが、徳川方がすべて独自に行えるものではなかったのである。封建国家においての知行宛行とは、主権者と個別領主の主従関係を最もよく示すものである。まさに知行宛行という行為を主導する人物こそが政権担当者であるが、その意味で大坂方の存在も大きかった。

さらに次のような事例もある。慶長十五年十月十六日、家康の側近である本多正純は、担当の国奉行である小堀政一に対し、備中国内に大坂衆（秀頼家臣）である杉若藤二（次）郎という人物の知行地があったが、彼が死亡したので、その知行地をただちに支配するよう命じた（「佐治重賢氏所蔵文書」）。このことは片桐且元からの要請となっているが、家康は小堀政一に対し、徳川氏の直轄地としてこの知行地を支配するよう命じた。大坂方の知行地を没収するよう命じたのである。しだいに徳川方の介入が強くなる備中国ではあったが、それまでは秀頼家臣の知行地も存在し、それを没収するにしても、大坂方である片桐且元の承認も必要だったのである。

このことは大坂方からすれば、逆の意味もあり、たとえ大坂衆の知行があってもその人物が死去すると、徳川方の支配地になってしまう。大坂方が単独で、知行宛行を行った事例はあるが、徳川方の介入はしだいに強くなっていたのである。これをみると、やはり秀頼は、知行宛行権を失いつつあったとも思える。大坂方が支配できる領知が、摂津・河内・和泉以外にも存在し、たとえ徳川方主導の知行宛行に対しても、大坂方の承諾が必要とされていたということをもってすれば、秀頼の立場とは、けっして三ヵ国の「一大名」（＝個別領主）ではなく、いまだ秀吉政治の後継者としての「資格」を有していたことになろう。

秀吉の領知朱印状が基準

ここでは、大坂方と徳川方の力関係を云々するよりも、本来、関ヶ原の戦い後の知行宛行は、「太閤ヨリ四万八千七百石之御朱印并余田之書付」とあり、依然として秀吉の領知朱印状で決定していた石高が基準となっていたことが重要である。このことこそが大坂方の了解が必要であったことの最大の理由であろう。これは大名をはじめ、すべての領主が秀吉政治の後継を望むからこそ起きた現象である。

しかも家康の思惑によって畿内や周辺に設定された国奉行も、担当国内における知行宛行や年貢（国役）の徴収など、「公的」な活動をすることが名目であった。大坂方から行われるはずの諸大名への知行宛行も、徳川方の時と同様、備中国内では、国奉行である小堀政一の執務が必要であった。このような場合、原則的には徳川方とか大坂方という概念もなく、秀吉政治の延長によって当該期の知行宛行が行われていたと考えるべきである。片桐且元が、大坂方と徳川方の双方の陣営による知行宛行に関わったのもこのためである。このような意識の下、片桐且元は「国家」の職務に励んでいた。前述した慶長十五年（一六一〇）の名古屋城の普請でも、大名が知行高に応じた「役」を賦課されたが、その役高に対する知行高として、「百三万二千七百石　前田《まえだ》利長《としなが》（今は弟が名代《みようだい》）八十万七千五百石　池田輝政」（『当代記』慶長十五年六月三日条）と記された。さらに動員される大名の知行高は、「いずれも秀吉様の時に行われた検地が基準」（『当代記』慶長十五年六月三日条）とある。たとえ家康主導の名古屋城の普請であっても、動員される大名の領知算定としては、かつて秀吉朱印状で決められたものが採用されたのである。

　家康から豊臣大名へ出されたとされる領知朱印状でも、徳川方は独自に発給できなかった。少なくとも大坂方の了解は必要で、そうすることによって公的な事業になったのである。関ヶ原の戦い後、論功行賞として実施された全国的な規模の知行宛行も、「知行方目録」には、徳川方の奉行人とともに、大坂方の代表である片桐且元の署名が必要であった。徳川方と大坂方の承諾があったからこそ、大名への知行宛行も有効なものとなった。なお、たとえ家康朱印の知行宛行状が出されるとの「文言」があっても、それが発給された形跡はない（拙著『片桐且元』）。

不安定な秀頼の知行宛行

一方、大坂方の単独（思惑）で発給されたものもあるが、その領知の安堵や宛行権は不安定であった。これは秀頼が家康ほどの覇権を握っていなかったからであり、秀頼の行った三ヵ国検地に対し、崇伝の事例でもみたように、それを覆す崇伝の要求が通ったのも、その一つの事例である。

なお大坂の秀頼による知行宛行としては、紀伊の浅野氏に出された事例がある。これによると、慶長十五年四月十九日、弟長晟《ながあきら》への書状において、浅野幸長（長政の長男）は、秀頼から長晟に対し二〇〇〇石の知行が与えられたことを告げ、それには石川貞政《さだまさ》（秀頼に近侍、のち片桐且元とともに大坂城から退去）や片桐且元が関わっていたことも述べた（「浅野三原家文書」）。この知行は、秀頼から浅野長政へ与えられたものであり、明らかに大坂方が浅野氏を取り込むための政治的な処置である。この重要性を当時の当主である幸長も、同書状で「まずは知行を受け取るとし、そういうべきです。すぐに徳川方へ相談するにしても、そのように書状に書いておくべきです」ともあり、ことの重要性を熟知しており、それを弟に諭したのである。

18―浅野幸長

この浅野氏への知行宛行も、多少の説明が必要であろう。まずは慶長十五年三月、その前年に死去した木下家定《きのしたいえさだ》の旧領二万石が浅野氏へ与えられた。浅野氏がこのように厚遇されたのは、秀吉以来の有力大名であるとともに、当主である幸長の娘が右兵衛（尾張藩主徳川義直）へ嫁入りするという事情もあったからである（『当代記』慶長十五年三月朔日条）。つまりこの時期に浅野氏へ二万石の知行を与えられたのは、浅野氏を徳川方の陣営に取り込んでおこうとする家康の思惑があったからである。まさに家康主導の知行宛行に他ならない。前述したように、藤堂高虎が備中国内に二万石の領知を与えられたが、それとほぼ同様である。

このような徳川方からの知行宛行に対し、浅野家当主の幸長だけではなく、その弟の長晟（長政の次男で、後に兄幸長の養子となって本家当主となる）にも、大坂方から知行が与えられたのが先の二〇〇〇石である。しかもこの長晟へ二〇〇〇石の知行を与えようとしたのが、秀頼ということは注目されよう。浅野氏を自己の陣営に取り込むことを優先した徳川方に対し、秀頼もほぼ同様な考えを持っていたからである。

徳川方の動きに対し、大坂方の秀頼も、有力大名に知行を与えた。こうして両陣営から厚遇された浅野氏ではあるが、当時の当主である幸長は、弟の長晟に対し、これらのことを慎重に行うよう指示した。もし何かあったら父親（長政）へ相談するよう指示した。さらに大坂方からこのように勧誘されたことを、徳川方へ報告するようにとも命じている。徳川方からだけではなく、大坂方からも知行宛行が行われると、受け取る大名側も、大坂方からの書状も残すなどの措置を講じたのである。これらの書状を残すのは、自らの身の潔白を証明するためであった。こうして、慎重な配慮が必要となる状況になってきたのである。この結果、両陣営による多数派工作の様相が表面化しており、いよいよ大坂の陣を迎えることとなった。

この時浅野氏の幸長・長晟は、ともに江戸にいたようである。だからこそ互いの書状が翌日には到着した。そして「慶長十五年、浅野長晟は大坂から京都へ移り、備中国において二万四〇〇〇石を拝領する」(『譜《ふ》牒余録《ちょうよろく》』)とあり、秀頼家臣領の存在する備中国でも、長晟は二万四〇〇〇石を拝領することができたのである。

際立つ浅野氏の慎重さ

両陣営による浅野氏への知行宛行が続いたが、「慶長十五年三月、先ほど亡くなられて没収された木下家定(慶長十三年八月に死去)の二万石は浅野長政へ下されたが、これは長政の嫡子幸長が尾張藩主の義直様の舅父で、家康様と浅野長政の懇意もあったからである」(『慶長見聞録案紙』)とある。やはり浅野氏に与えられた知行地とは、木下家定の旧領二万石であり、徳川方から浅野氏への知行宛行はたしかに行われた。それは家康から懇意である浅野長政へ与えたようになっているが、幸長の娘と徳川義直を婚姻させるための知行宛行でもあった。このような事態に対し、父親の長政は次男長晟に「二万四〇〇〇石のうち一万四〇〇〇石は家臣団の召し抱えに当てること、残りの一万石は私(長政)の蔵へ納める」ことを命じた意見状(『浅野家文書』)も出した。まさに徳川・浅野の両氏による政略結婚への布石のようなものであり、きわめて政治性が強い。重要な意味を有する知行宛行だからこそ、長政は次男の長晟へ長文の意見状を出した(『浅野家文書』)。

家康の思惑で行われた二万四〇〇〇石の浅野氏への知行宛行も、慶長十五年の内には実現することがなかった。しかしそれとは別に、慶長十五年十月六日、長晟が国許の家臣へ出した書状によると、同年の名古屋城普請や徳川家との婚儀が無事に終了したことに安堵している（「浅野守夫氏文書」）。大坂・徳川の両陣営からの政治的攻勢に対し、浅野氏としても、いささか疲れ果てたのではなかろうか。

大坂湾の支配をめぐる動き

慶長十五年（一六一〇）前後、両陣営の対立はしだいに顕在化したが、同じく慶長十五年六月二十六日、家康から和泉国貝塚の願泉寺《がんせんじ》へある文書が出された（「願泉寺所蔵文書」）。徳川方から願泉寺側へ出された諸役免許状ではあるが、これが出される直前の同年四月、願泉寺の了閑《りょうかん》が寺内《じない》の住民たちと紛争を起こしていた。この紛争は訴訟におよぶ大規模なもので、了閑は家康方にまで直訴したことで勝利したものである。中世末期、この願泉寺を拠点とし、自治的な結合を有する寺内町として発展を遂げた貝塚の町であったが、秀吉政治が展開されるようになると、このような中世都市としての機能も、しだいに必要ではなくなっていた。そのような時、件の訴訟におよぶ事件が起こり、その結果、了閑の領主権を保証する文書が徳川方から出されたのである。

天正十三年（一五八五）、秀吉が紀州攻めを行って以降、願泉寺は「和泉国中浦銭山銭」を上納するよう命じられ。それに対して願泉寺は、聚楽第《じゅらくてい》普請の際には「阿波・土佐両国之材木奉行」を担当し、朝鮮出兵の際には、「水手」（水主《かこ》、船頭）を提供したようである（卜半由緒書「願泉寺文書」）。大坂湾沿岸に位置する貝塚の地は、町の中央部には紀州街道が通るなど、かつては寺内町として発展したが、秀吉政治が登場することによって、大坂・堺方面と紀伊を結ぶ重要な中継地に変貌《へんぼう》していたのである。とくに大坂湾の海上輸送に大きな影響力を有する地として、秀吉政治において、貝塚は堺と並ぶ要衝の地として、物資集散地として港湾都市大坂を支える重要な役割を担っていた。かつての秀吉政治の政治的な拠点であった伏見の地に加えて、最終的には大坂を掌握することを目指した徳川方が、紛争をめぐり、その地位が危ぶまれた願泉寺の了閑を援助したのは当然であろう。

このような願泉寺には「大坂の陣の五年前から、煙硝《えんしょう》を購入するように命じられたが、不調法にもあれこれ手をこまぬいていると、急に購入するよう厳命されたので、数多く購入した」（卜半由緒書「願泉寺文書」）との由緒書もある。慶長十四年頃から、願泉寺は大坂方の求めに応じて煙硝の補給を行っていたことになる。この時期の大坂方では、島津氏からも煙硝を入手している事実がある（『薩藩旧記雑録後編』）ので、けっして信憑性の低い内容でもなかろう。

大坂方の動き

徳川方からの強い攻勢があったが、一方の大坂方も、慶長十五年（一六一〇）八月八日、片桐且元は願泉寺の卜半に対し、貝塚本願寺の諸役を免除する秀頼黒印状を出すことを約した書状を出した（「願泉寺所蔵文書」）。これによると、秀吉の朝鮮出兵以来、願泉寺は船役を提供してきたが、このことを秀頼が知ると、今後はこれを免除し、さらには誰からの船役も断るよう命じた。

住民と紛争中の了閑を支援することで、徳川方は願泉寺の領主権を保証したが、一方の大坂方は、秀吉以来の船役を務めてきたことを強調しながら、それを免除することで、願泉寺を自己の陣営に取り込もうとしたのである。大坂方としては、願泉寺（了閑）だけではなく、貝塚の住民までも、自己の陣営に組み込むことを画策しており、ここにも大坂方の優位性がうかがえる。慶長十五年において、両陣営からの保証合戦となり、願泉寺や貝塚の町民からすれば、これ以上ない厚遇となった。とくに「今後は誰が何といおうとも」とあるように、大坂方は、自らの免許状が何よりも最優先することを強調した。大坂湾の海上支配における貝塚の重要性を認識していたからである。

大坂方による免許状は、後世までもその効力を保ったようである。江戸時代を通じて、願泉寺は、海上で難破した船の挽航《めんこう》（船をけん引すること）を拒否することができ、さらには朝鮮通信使の経費負担も免除されたからである（『貝塚市史』）。徳川方による取り込みに対して、大坂方の秀頼がよく反応した事例であろう。とくに大坂湾の海上支配に関するものであり、大坂方も、願泉寺を取り込む必要があったのである。

徳川方の動きに対応して、秀頼が発給した以下のような文書がある。これによると、秀頼は毛利《もうり》藤《とう》兵衛《べえ》に対し、近江栗太《くりた》郡伊勢村の一〇〇石、山城国《やましろのくに》上山城郡の山本村の内で五〇石の合計一五〇石を知行することを認めた。秀頼が家臣へ出した具体的な知行宛行状の事例である。

このような秀頼の知行宛行状は、現在、数例残っているだけであるが、その対象地は、当時の領国とされる摂津・河内・和泉の三ヵ国だけではなく、この近江や山城をはじめ備中にも事例がみられる。これらは畿内およびその周辺一〇ヵ国程度と思われるが、すべて文書形式が同じである。ただし秀頼が朱印を用いた事例はなく、すべて黒印である。これらは秀頼が一大名ではなかったことを示すものであろうし、秀頼が単独署名で発給していることに意味があろう。

3　秀頼の材木調達

方広寺大仏殿造営と駿府城普請の材木調達

慶長十三年（一六〇八）二月、秀頼の疱瘡が契機となり、大坂方は各地の大名との結び付きを深めつつ、病気平癒の儀式によって、朝廷や各地の寺社との関係も深めていた。

この時期の徳川方は、諸大名を動員し、慶長十三年正月八日には、「駿府城本丸の館を建築することが急に決まり、諸国の山々から材木を調達することになった。とくに信濃国の木曽山、紀伊国の熊野《くまの》山、伊豆国の山々から調達することになった」（『当代記』慶長十三年正月八日条）とあり、公儀普請として駿府城の普請を行った。

まさにこのような慶長十三年七月十九日、片桐且元は土佐の山内忠義《やまうちただよし》に対し、方広寺大仏殿の用材にするための材木を調達するよう依頼した。大坂方の事業に関する材木調達は、家康も了解したことであるといっており、けっして大坂方だけのものではなく、秀吉政治を継承する公共事業であることを強調した。徳川方による駿府城普請に対し、大坂方も、公共事業として方広寺大仏殿の材木調達に着手したのである。なおこのような材木調達が、京都の材木商人を中心としていたことは注目されよう（「山内家史料」）。

このような大坂方の事業形態によると、秀吉政治では単に大名だけではなく、現場の業務に明るい商人や職人も動員されていたことが推測される。あらゆる階層の人間を動員し、戦争だけではなく、城郭や寺社などの普請を行ったのが秀吉政治であったと考えることができよう。その意味では、商人委託の形態によって材木調達を行った秀頼の方が、秀吉政治を継承していたと思われる。先進的な技術者や有力な商人を有する上方を拠点とする大坂方の優位さもあるが、秀吉政治と同様、大坂方は彼らに業務を委託するだけで、その事業を遂行することができたのである。山内氏のような諸大名の「同意」さえ得ることができれば、委託された業者が領内で事業（材木調達）を遂行するだけである。しかも家康の了解を得れば、そのまま公共事業となる。これは秀吉政治において、すでに政権による職人や商人の支配ができていたからである。

秀吉政治の後継をアピールする大坂方

このような事業によって、各地の職人や用材の調達を介して、大坂方は諸大名と何らかの関係を結ぶことになる。秀頼が多くの寺社修造に腐心したのは、各地の大名との関係を有し、秀吉政治の後継者をアピールしたかったからである。これを徳川方は恐れていたはずである。

その点については、年不詳ではあるが、八月五日付で中井《なかい》正清《まさきよ》へ宛てた板倉勝重の書状は興味深いものがある。この書状には駿府城の普請らしき内容が記されているが、とくに追伸部分には「紀伊国へ派遣した者たちと貝田《かいた》忠兵衛《ちゅうべえ》の間で起きた材木調達の紛争のことですが、先日伝えた通りです。いずれかが間違っているのでしょう。方広寺大仏殿のことですが、誰か一人を検使として片桐且元殿の方へ派遣すべきです。その近所に米津清右衛門がいるので、彼の方から誰かを検使として出させるべきです。これは期限を決めて命じるべきです。この材木調達はとても大事なことですので、まず両者で話し合いをしてから、そのうえで間違ったことを明らかにすべきです。一日や二日は遅れても構わないので、その期限を知らせてくれれば、我らの方からも、片桐且元殿や米津清右衛門へ通知いたします」との記載がある。ここからは「紀伊国之者」（徳川方）と「忠兵衛」（豊臣方）が、材木調達に関する紛争を起こしていたことがわかる。

さらに先の山内忠義へ宛てた片桐且元書状（「山内家史料」）では、大坂方の片桐且元が、京都の材木商人菱田《ひしだ》喜右衛門《きうえもん》と貝田忠兵衛を山内領内（土佐国）へ派遣したことが記されていたが、ここでの「忠兵衛」とは、この貝田忠兵衛のことであろう。先の片桐且元の書状でも「詳しいことは志方源兵衛《しかたげんべえ》から申し渡す」とあり、その他の文書でも「大坂御長屋御材木之入札」（『大工頭中井家文書』）にも「ひしや（菱屋）喜右衛門」や「志方源兵衛」の名がみられ、「さいもくや（材木屋）源兵衛」の記述もある（『大工頭中井家文書』）。これらの商人名は、大坂方から派遣されたものと考えてほぼ間違いなかろう。

大坂方は、方広寺大仏殿造営の材木調達にあたり、その人件費や材料費などに至るまですべての経費を、委託する商人へ渡すことが片桐且元から指示されていた。その際、商人に直接会って手形を手渡すことが必要であり、さらに大坂が材木の集散地であったことも知られる（『大工頭中井家文書』）。大坂方が、現場のことはすべて商人に「委託」していたからこそ、このように経費の受け渡しや納品確認が重要な業務となったのである。やはり大坂方は「商人委託」の形態をとっていたと考えるべきである。

なお慶長十年、片桐且元が南禅寺《なんぜんじ》へ宛てた書状によると、南禅寺法堂造営の材木は大坂やその周辺で調達されていた（「南禅寺文書」）。また慶長八年九月にも、吉野材は方広寺大仏殿の用材として、紀伊の新宮湊《しんぐうみなと》を経由して、大坂湾まで移送された可能性がある（『大工頭中井家文書』）。当時の大坂が「材木の集散地」になりつつあったことは確かであろう。

代官や奉行による徳川方の材木調達

慶長十三年（一六〇八）前後の大坂方では、片桐且元が上方の材木商人を擁して、紀伊国において材木調達を行っていた。これに対して徳川方も、地元の代官や奉行を介して材木調達を行っていた。両陣営による材木調達が紀伊国で行われていたからこそ、前述した材木調達をめぐる紛争が両陣営の間で起き、徳川方の板倉勝重は、両者の話し合いを設けて解決しようとしたのである。

この紛争がどのような経緯となったのかはわからないが、大坂方による材木調達の形態があり、一方の徳川方では、大久保長安《おおくぼながやす》らが中心となり、具体的な材木確保から移送までを差配していた。具体的には、近江国内に米津清右衛門（長安配下）という人物を配し、秋田材が越前の敦賀《つるが》から材木集散地である伊勢の桑名《くわな》へ廻送されていた。さらに桑名では代官の水谷光勝《みずのやみつかつ》がおり、大和には代官の鈴木《すずき》織部《おりべ》（大久保長安の家臣）らもいて、これらの材木管理の業務を行った。さらには木曽・伊那の代官である山村良勝《やまむらよしかつ》・千村良重《ちむらよししげ》らを介して木曽材を管理した事例もある。そのため徳川方は、木曽山や木曽川・飛騨川を支配することも必要となり、遠江の天竜川《てんりゅうがわ》や駿河の富士川の河川通船も計画しなければならなかった。徳川方が千曲川《ちくまがわ》の通船（信濃）に着手したことも、同様の意図からであり、木曽材の搬出は、越後《えちご》の河口（信濃川流域）を経て、日本海海運と連結することも想定されたのである（拙著『秀吉・家康政権の政治経済構造』）。

前述した徳川方の「紀伊国之者」を介して材木調達を行った事例であるが、これは大和の吉野材を紀伊の新宮湊へ搬出し、それをさらに伊勢湾の湊まで廻送し、海上輸送の形態をとることによって、駿府・江戸へ搬出することも想定されていた。関ヶ原の戦いの直後から、徳川方が伊勢湾やその周辺地域を掌握しようとしたのは、このことを想定したためでもあり、尾張名古屋へ徳川義直を配した理由の一つである。また日本海海運や太平洋海運を「同時」に掌握するには、近江国は必要不可欠な地であり、その結果、伊勢湾の湊支配にも重要な場所であった。

家康が日本海および太平洋の海運と河川交通支配を連結させようとしたのは、江戸ではなく、「駿府」の地が適していたからである。このことが家康政治を駿府政権と称する理由の一つであるが、ここにも秀吉政治を継承する意図が込められていた。関ヶ原の戦い後、家康からすれば、たとえ大坂の地を握ることができなくとも、単に伏見の地だけではなく、まずは伊勢湾を拠点とする地域も握らねばならなかった。さらにそれが家康を「大坂の陣」へと向かわせるものとなったのである。

大坂に対抗する駿府

駿府の地とは、関ヶ原の戦い前後に開発された佐渡・伊豆金山を同時に掌握できる場所であった。このことは家康の側近である大久保長安（武蔵八王子を拠点とする）が越後高田《たかだ》城主松平忠輝《まつだいらただてる》（秀忠の弟）の領国経営までも兼務する要因にもなったといえよう。佐渡・越後・信濃・甲斐・駿河・遠江にわたる広範な領域支配を可能にする場所として、家康は駿府の地を選択したのである。逆にいえば、家康は大坂の豊臣方を意識し、駿府の地に拠点を構えたのである。こうした家康の「駿府前線政権」を支えた地域こそが、伊勢湾周辺の地域であり、大坂の地を掌握できない脆弱な政権の実態でもあった。

なお大坂方の片桐且元は、前述したように常に家康の許可を求める立場を取るなどしており、たとえ商人委託の形態であった大坂方の事業も、何とか公共事業であることを表明した。ここには秀吉政治を継承しようとする立場が感じられよう。

港湾都市大坂の重要性

播磨室津《むろのつ》と龍野《たつの》の地は、すでに秀吉政治の段階から、九州や朝鮮半島を見据えた海上ルートの物流拠点として活用されていた。とくに播磨室津の湊とは、秀吉政権の船泊まり地（ドック・船渠《せんきょ》）として位置づけられ、大坂湾の湾内流通を支える存在になっていた。肥前名護屋～名島《なじま》・博多《はかた》～三原《みはら》（海城、小早川隆景《こばやかわたかかげ》居城）～室津～尼崎《あまがさき》～淀川河口（大坂城）や、伏見城との海上ルートと河川交通のルートが想定されていた。瀬戸内の海運が展開すると、とくに国東《くにさき》半島（豊後）がその拠点となりながら、より大坂湾の有する重要性が浮かび上がっていた。これを支えたのが朝鮮出兵の長期化にともなう軍需経済の隆盛であった。ここには秀吉政権から材木供給地には大鋸《おが》・杣《そま》の派遣も想定され、さらに造船拠点としての土佐と豊後の存在も想定された。秀吉政権は、各地の森林地帯へ「製材技術者」を派遣し、その結果、製材化された材木が大坂や伏見に大量に供給できるようになった。軍需経済が展開するなか、伏見・大坂城の普請が本格化し、軍事拠点としての首都（伏見・大坂）も形成されたのである。なお近江の地は、秀吉政権は早くから技術者供給地として掌握したが、「製材技術者」は同地を拠点とし、主に東国方面に派遣された。

再び大坂湾の支配に話を戻すと、淀川河口から伏見城への河川交通が注目されよう。このことも秀吉政治の段階から、首都（伏見・大坂）の軍事拠点化を支える交通体系として構築された要因である。とくに伏見城の普請が本格化する文禄三年（一五九四）正月以降、伏見城の普請に用いる用材は、従来のような琵琶湖水運を用いるものだけではなく、淀川河口からも搬送されるようになっている。朝鮮出兵による軍事面での各整備が行われ、大坂城や伏見城の普請が本格的になされたからであるが、このことによって両地を結ぶ淀川水運の重要性が際立ってきた。大坂城や伏見城の普請に用いる伊那《いな》材は、天竜川河口の掛塚湊《かけつかみなと》から遠州灘《えんしゅうなだ》に出て、そこから伊勢湾内を経由し、紀伊半島を陸伝えに航行する海上交通を用いて、大坂湾内に移送された事実もある（拙書『秀吉・家康政権の政治経済構造』）。

このような動きは秀吉の死後も継続し、大坂城および町の形成が拡大化されていったのである。また関ヶ原の戦い後、片桐且元による大和川の水運（大坂方による河川交通）も形成されるなど、秀吉の死後も、伏見・大坂を拠点とする海上交通の体系整備は継続した。大坂城の二の丸・三の丸や船場などの都市整備が、このような構想で行われたのである。しだいに高まる大坂の優位性については、「太閤様から、命じられた造船用として富士山から供給する材木は、駿河の吉原《よしわら》（現静岡県富士市）で三好吉房《みよしよしふさ》（豊臣秀次《ひでつぐ》・秀保《ひでやす》の実父）が請け取り、その材木を大坂まで届けることを記した朱印状があることを申した」（『駒井日記』文禄四年四月二日条）との記載からも知ることができよう。

秀吉政治においても、富士材を富士川の通船で駿河湾の吉原湊まで下らせ、そこから海路によって、大坂湾内まで移送することが計画された。大坂は「材木の集散地」になっていただけではなく、文禄三年前後から、秀吉政権による東国支配が本格化するようになると、伊勢湾を中心とする太平洋海運の起点となることが想定されていた。慶長十三年（一六〇八）、徳川方による尾張国検地が実施されたが、その背景には、このような秀吉政治の東国支配の構想を継承するための思惑もあったのかもしれない。

文禄二年(一五九三、いわゆる文禄の役の講和・休戦期)以降、秀吉は大坂城や伏見城の普請を開始するとともに、出羽秋田の材木供給も本格化させた。南部《なんぶ》氏からも秋田材が調達されたように、従来の日本海海運だけではなく、材木調達を介して、それが太平洋沿岸地域へおよぶようにもなったのである。このように東国で海運が活発化するようになった理由としては、蝦夷《えぞ》地交易の存在が大きかったと思われる。秀吉政治による東国支配がこうして進展すると、このことは各地の鉱山支配などにも同時に波及した。その結果、日本列島各地を結ぶ全国的な輸送手段(海上輸送)が必要となり、その拠点となる大坂・伏見の経済的な優位性が高まったのである。

伊勢湾沿岸地の重要性

関ヶ原の戦い後、さらに家康による東国の材木調達とその拡大(駿府から江戸へかけた政権樹立)が行われた。

まず家康の手によって、東国の玄関口としての伊勢湾やその周辺が掌握されたが、これは、出羽〜若狭小浜・越前敦賀〜近江経由(琵琶湖の水運)〜京都という、「内陸ルート」を徳川方が掌握することを意味した。さらに飛騨川・木曽川〜近江(柏原《かしわばら》や朝妻湊《あさづまみなと》〈現米原《まいばら》市〉)〜京都という地域を掌握しようとする徳川方の動きにもなった。家康の側近大久保長安による、美濃・大和や信濃・伊勢の支配がそれにあたろう。こうして伊勢湾の桑名と日本海側の敦賀の地が、材木調達によって連結(近江国奉行の米津清右衛門の存在)されることとなった。敦賀に荷揚げされた秋田材が桑名へ搬送

19──朝妻湊跡

された可能性によって、あるいは大和の吉野材の搬送から、紀伊浅野領の新宮湊をめぐる豊臣・徳川方による争奪戦が行われたのである。

このような一連の施策が必要であると考えたからこそ、関ヶ原の戦い直後から、伏見の地を制した家康は、「駿府集中」の施策に出たのである。家康が、駿府で政治を開始したのは、大坂方の存在を意識し、本格的な秀吉政治の東国支配を継承するためでもあった。そのため伊勢湾やそれと連動する周辺地域は、家康の河川交通支配のために必要となった。徳川方は、海運と河川交通を絡めた飛騨・美濃・信濃（木曽・伊那）の材木調達に着手した。この材木調達の形態とは、徳川方が大久保長安を介して、佐渡〜越後〜信濃〜甲斐〜駿河〜遠江（のちの駿府城主徳川忠長《ただなが》領との比較）のルートをも掌握することにもなる。大久保長安による佐渡・伊豆の鉱山支配は、このような徳川方の施策と連動しており、けっして特殊なものと考えるべきではない。かつて秀吉政治では、その経済路はすべて伏見や大坂が起点になるよう設定されたが、家康による「駿府集中」のルート設定とは、大坂の地を掌握していない徳川方の苦肉の動きでもあった。

徳川方の動きについて、当時の記録によると、「慶長十四年、この春、方広寺大仏殿を大坂の秀頼公から建立するとの申し出があり、その準備として、大坂方の材木調達が昨年の冬から始まり、各地の湊では、材木の売買が行われた。また西国や中国・四国・北国の大名は、二万石、一万石、五〇〇〇石、三〇〇〇石と、各自で兵粮を秀頼公に進上した。これらはすべて大坂へ船で搬送された」（『当代記』慶長十四年正月条）と表現された。

港湾都市大坂の成立

これによると、徳川方だけではなく、大坂方の材木調達も開始されたことが確認できよう。ここで「材木の売買が行われ」とあり、ここから前述した大坂方による「商人委託」の形態が読み取れなくもない。方広寺大仏殿の建立という大規模な材木調達という事業があり、それにともない諸大名から大坂の秀頼へ兵粮が進上されるなど、大坂の経済的な地位の高さをみせつける現象が起きていたのである。しかも船による搬送であり、まさに港湾都市大坂の誕生である。このことは、これまで琵琶湖水運によって流通拠点となっていた京都が、しだいに陰りをみせていくことにもつながる。

これらの現象は、秀頼と諸大名の関係が深まるという政治的な問題だけではなく、徳川方がいまだに大坂を掌握していない経済的な問題でもあった。家康としては、「駿府集中」の施策をするだけではなく、何とか大坂を掌握するための「仕掛け」も必要となってきた。

4　二条城会見後の動き

天下の政務に乗り出す家康

慶長十六年（一六一一）四月、家康は秀頼との二条城会見を終えた。翌慶長十七年に入ると、「今回、家康様は本多正純と板倉勝重を呼び、来月中旬に秀忠様を招集し、天下の政務に関して相談をしたいと申した」（『駿府記』慶長十七年二月二十六日条）。家康による大坂方への攻撃開始を暗示するものであろう。

これは、いわゆる「岡本大八《おかもとだいはち》事件」の最中の時期である。この事件は、慶長十四年に有馬《ありま》晴信《はるのぶ》（肥前日野江《ひのえ》城主）が不法なポルトガル船を撃沈したことから始まった。有馬晴信の行為そのものは、家康も激賞するものであったが、本多正純の家臣岡本大八は領知をめぐる家康の朱印状を偽造し、しかも有馬側から賄賂を取っていたことが発覚した。このことで事件となり、岡本が逮捕されたのは、慶長十七年二月二十三日である。さらに両者の主張の喰い違いもあり、徳川方が裁定したのは三月に入ってからであり、三月二十一日、岡本は駿府で処刑された。こうしたなか、駿府では前述したように、家康と秀忠が「天下の政務」に関する場を設けたのである。この事件の真偽は定かではないが、明らかに徳川方の不祥事でもあり、家康からすれば、秀吉政治の後継者としての立場を失いかねないものであった。何らかの方策を打ち出すことが必要であったはずである。

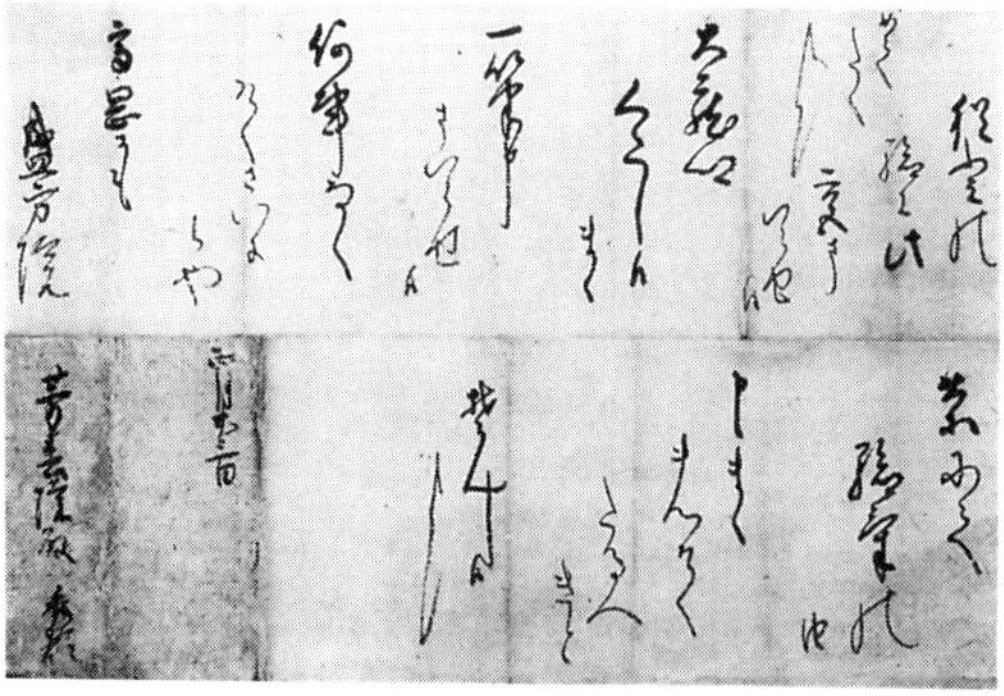

20—慶長17年正月23日付芳春院宛ての秀頼書状

前田氏の動向

このような時の慶長十七年（一六一二）正月二十三日、加賀の前田氏に出された秀頼書状をみてみよう（「大阪城天守閣所蔵文書」）。芳春院《ほうしゅんいん》（利家夫人のまつ）へ宛てたものである。これによると、加賀藩主の前田利長《としなが》は、すでに体調を崩し、越中《えっちゅう》の高岡城《たかおかじょう》に隠居していた。秀頼は、大蔵卿に京都の名医である盛方院《せいほういん》に処方された薬と、この書状を持たせて見舞わせたのである。

利長が体調を崩していたことについては、前年の慶長十六年五月五日、前田利長が藤堂高虎へ宛てた書状（「本多氏古文書等」）でも確認できるが、これによると、利長は歩行することもできないほどの体調にもかかわらず、何としても本多正信の子息政重《まさしげ》を召し抱えることを画策した。この時の本多政重は、上杉景勝《うえすぎかげかつ》家老の直江兼続《なおえかねつぐ》の養子となっていた。関ヶ原の戦い後の上杉氏は、本多政重を一族に迎えることで、徳川方との関係を保っていた。前田氏としても、同様に彼を召し抱えることで、徳川方の陣営に加わることを明らかにしようとしたのである。同年五月十五日には、利長は家中に「遺訓」を出し、自らの隠居にともない、徳川方への立場を明確にした。

かつて秀吉と最も親密な関係にあった前田氏でさえも、すでに徳川方の陣営へ加わることを明らかにしていた。それにもかかわらず、秀頼は利家夫人にも気遣いのある書状を出して、前田氏との関係を強めようとした。

秀頼から見舞いを受けた利長であったが、それより前の慶長十六年十二月二日にも、件の本多政重へ書状を出した（「本多氏古文書等」）。これによると、秀頼から派遣された京都の医師盛方院は、慶長十六年秋頃、利長の許を訪れて効能のある薬を処方していた。この薬が効いたのか、利長の病状も回復の兆しがあったことが知られるが、それよりも書状の後半部分では、利長は本多政重が加賀に長く定住することを喜び、隠居するほどの病身にもかかわらず、もし用事があれば自分から連絡するとも述べた。

さらに前田氏家臣の間では、「もしも秀頼様から連絡があれば、盛方院の意思で上洛したとするよういってあります」（「神尾文書」）との書状もあり、前田氏としては、秀頼から派遣された盛方院が、いち早く京都へ帰ることを願っていたのである。しかも、盛方院を強制的に帰したという形ではなく、用事が済んだので、彼が自主的に京都へ戻ったという成り行きにしたかった。すでに徳川方の陣営に加わることを決意した前田氏としては、秀頼による心遣いは迷惑でさえあったが、このような取り繕《つくろ》いも行っていたのである。

前田氏にすがる大坂方

ところが同じ慶長十七年（一六一二）、大坂方の大野《おおの》治長《はるなが》は、このような前田氏の家臣に対し、秀頼のことを考えて、ある書状を出した（「鳴鶴集」）。この書状とは、前田氏に対し、大坂方のために黄金一〇〇〇枚を調達するよう依頼したもので、これを知った家康が、たび重なる寺社造営のため財政難となった大坂方を嘲笑《ちょうしょう》したとの逸話まで残されたものである。あくまでもこれは「逸話」の類いであり、後世、大坂方の立場を貶《おとし》めようとするものであろう。現実には、このような書状が出されたとはとても考えにくいのであるが、前述した芳春院へ宛てた秀頼の書状の内容をみると、徳川方陣営に加わることを明確とした前田氏にもかかわらず、大坂方が積極的に前田氏に接近したとみるべきかもしれない。この時期の秀頼は、どこまで諸大名の動向を把握していたのであろうか。

慶長十六年の二条城会見後、大坂方には、すでに秀吉恩顧の大名へ接近するものがあり、挙兵に備えて軍需物資の調達も行われていた可能性を示唆できるかもしれない。慶長十六年十一月、角倉了以《すみのくらりょうい》によって、大坂の船は京都の三条まで兵粮を運ぶことができるようになる（「瑞泉寺文書」）が、これらも大坂方による京都および近江への支配拡大の動きかもしれない。

慶長十八年に入り、大坂方による前田氏への接近が続く。それによると、慶長十八年の冬、秀頼の使者として織田頼長《よりなが》（有楽斎の子息、左門、雲正寺道八《うんしょうじどうはち》とも称す）が、越前今庄《いましょう》から加賀小松《こまつ》を経由し高岡へ赴き、そこで前田利長と会い、秀頼の言葉を伝言したというものである。この時の頼長は、秀頼の言葉として「近年の内に、家康は豊臣氏を滅亡させようとしており、そのため偏《ひとえ》に利長殿のことを頼みにしているので、そのような時には、是非ともよろしく出馬願いたい」と伝えた。これに対して利長は、「私は見ての通り病気の身であり、家の中でさえ歩行が困難であるので、とても上洛して奔走することなどは無理である。嫡子利常《としつね》も、たとえ親子の関係といっても、すでに利常は将軍秀忠の聟《むこ》であり、私の一存ではどうにもならない状況にある」と返事をしたとある（「関屋政春古兵談」）。

利長は、ここで「もし万一私が大坂方に加担することになれば、隠居の軍勢を何時でも進上する」とも述べたとあるが、我が身が病気による隠居中であること、さらに利常は徳川方と婚姻関係にあることを強調した。ここでの秀頼の言葉として、「東夷《とうい》の躰《てい》、近年の内に秀頼公を潰《つぶ》し可申躰也」との表記があり、これは「徳川方が近いうちに豊臣氏を滅亡させる」との意味になろう。その他の記録にも、「近年大坂の為躰、何とも不能愚意、経年《けいねん》関東より出軍無疑」（『又新斎日記』）とあるが、これなども、「最近の大坂方の行動が何とも理解できない。近いうちに関東から攻撃されることは間違いない」と解釈することができよう。いずれの記録も、あまり信憑性の高いものではないが、すでに大坂方が徳川方からの攻撃を受けることが予想されていた。

秀頼の挙兵準備と前田氏の決断

前田氏は、このように早くから大坂方と徳川方による戦闘を想定し、大坂方には参加できないことを明確にした。しかしそれにもかかわらず、慶長十九年（一六一四）三月十日付の書状で、大野治長は隠居中の前田利長に対し、秀頼が立派に成長したので、徳川方の動きが一段と増長するようになり、いよいよ両陣営の対決が迫ったことを述べた。そのうえで、大坂方の兵粮には、福島正則の分が三万石、秀頼の分は七万石ほどあり、その他、商売用としての兵粮も数多くあることを報じて、大坂方への参陣を依頼した（「国初遺文」）。

大野治長は、秀頼の挙兵が近いことを前田氏へ告げて、その参陣を促し、さらに大坂方全軍を指揮することまで依頼した。しかも大坂方の兵粮米の数量など、具体的な状況を提示しているが、まるで冬の陣開戦時の状況のようである。なお、この書状を慶長十九年の三月と比定したのは、宛所が「肥前守」となっており、その肥前守である利長は同年五月二十日に死去するからである。

21——前田利長

ところが、「十月二日、大坂の秀頼は、家康公に対して謀叛を起こそうとし、兵粮米を蓄えるため、本年八月から近隣に金・銀を出して兵粮米を調達し、大坂にある福島正則の兵粮米八万石も、借用できるとのことである。この情報をもたらした飛脚に聞くと、ともかくも今は秀頼のお考えによる状況との回答である」（『当代記』慶長十九年十月二日条）との記録もある。これは「十月五日、京都から板倉勝重の書状が到着した。これは大坂では城郭を整備し、多くの牢人も召し抱えて、籠城の準備をしているとの報告である」（『当代記』慶長十九年十月五日条）との内容とも適合する。

このような状況からすると、先の三月十日付の大野治長書状は、あまり信頼できないものになる。とくに慶長十九年三月という時期において、大坂方から挙兵し、前田氏へ参陣を求める書状を出したとはとても考えられない。このような事態になるのは、同年十月のことであり、それでは宛所の「肥前守」とは照合しないし、兵粮米の数量など妙に具体的である。この大野治長の書状もまた、前田氏の手によって「意図的」に作成されたものではなかろうか。おそらくこのような捏造された書状が、駿府へ転送されたと思われる。

前田氏は大坂方の偽文書を作成してまで、徳川方の疑惑を払う必要があったと考えるべきであろう。宛所の前田利長は、越中の高岡城で隠居中であったが、慶長十九年五月二十日に死去した。しかしその後も、大坂方からは勧誘の動きが続いた。同年六月十日、大野治長は前田氏重臣の長連龍《ちょうつらたつ》に宛てて、利長の葬儀への不参を謝した書状を出したからである。

しかし、大坂方と前田氏の関係をみると、方広寺大仏殿の鐘銘《しょうめい》問題によって、大坂・徳川方の両陣営の間がきわめて複雑化する慶長十九年九月には、すでに前田氏は将軍秀忠の娘を利常の嫁に迎えており、徳川方も前田氏に従来の領知を安堵した（『当代記』慶長十九年九月十四日条）。このことは、同年九月二十三日、前田利常が、将軍秀忠から「加賀・越中・能登《のと》三ヶ国之事、任今年九月十六日先判之旨、永不可相違者也、守此旨、弥《いよいよ》可励忠勤之状、如件」との領知朱印状を与えられたことで裏づけられよう（「国初遺文」）。前田氏としては、当主（利長）が死去したこともあり、どの大名よりも、自国の安泰に努める必要があった。もはや前田氏が大坂方の陣営へ参じる状況にはなかったのである。

大坂に集積される兵粮米

前田氏が早くから兵粮米を大坂に集積させることが可能であったのか否かは、「慶長十七年六月二十日、雨が激しく、朝から東風も激しい。さらに正午から午後二時までは強風が吹いた。なお伊勢・美濃・尾張の三ヶ国では、強風が吹いたが、東の方ではそれほどの風は吹かなった。この時の強風で、伊勢・尾張の海では、二、三十艘の難破船がみられた。伊勢湾からは、大坂へ兵粮を売買する船があったが、そのうち七、八十艘は難破したようである」（『当代記』慶長十七年六月二十三日条）との記録があり、必ずしも可能性がまったくなかったのではない。

慶長十八年と考えられる正月二十一日、徳川方の板倉勝重から米津清右衛門《よねきづせいえもん》へ出された書状（「大坂城天守閣所蔵文書」）にも、大坂方は大坂に搬入される米を制限していた。和歌山城主の浅野長晟《ながあきら》は、徳川方の板倉勝重に対し、このような制限への苦情を申し入れたようであり、これを受けて、板倉勝重は大坂方に抗議した。板倉勝重には、大坂方から片桐且元署名の書状が送られてきたことも知られるが、この書状を受けて板倉は米津清右衛門に宛てた。和歌山城主の浅野氏は、大坂の陣勃発前から、自領の年貢米を換金するためにも、しだいに大坂へ廻米をしていた。なお米津清右衛門という人物は、大久保長安事件に連座し、慶長十八年五月には失脚した。このようなことからも、この板倉勝重の書状は、慶長十八年以前の書状であると考えるしかない。

大坂方では、来たる有事に備え、かなり早くから兵粮の集積を行っていたのである。そして大名が換金のために国許から大坂へ廻送した米穀までも、大坂方の手によって管理されるようになった。各地の諸大名の立場からすれば、兵粮として大坂方へ進上するものではなく、年貢米を換金するために大坂へ廻送しただけであり、このようなことはきわめて迷惑なことであった。諸大名からすれば、大坂方の動向よりも、大坂の市場《しじょう》としての役割に興味があったのである。

5　引用史料の紹介

古記録の使い方

これまで史実を紹介する際、引用史料には充分な配慮を加えてきたつもりである。まず、ある人物の書状に代表される同時代の史料である古文書《こもんじょ》を中心とし、それを補足する意味で、個人の日記や後世の編纂物などのいわゆる古記録《こきろく》も活用した。ところが次章以降において、大坂の陣に関する具体的な戦況を叙述するとなると、生々しい戦況を伝える古文書の類が残っていることは稀《まれ》であり、しかも大坂方の状況を中心とすると、なおさらである。そこでこれまで以上に古記録を多用することになる。

しかしこれら古記録は、その書き手の立場や考え方が強く反映される。しかも大坂の陣に関しては、後世に叙述・編纂されたものが多く、後世の「判官《はんがん》びいき」もあり、敗者の立場を重視するあまり、史実とはまったくかけ離れたものまである。本書で引用したものでも、このような場面がないわけではない。これについては各所でも言及しているが、ここでは主な引用史料の紹介をしておこう。

『当代記』とは

『当代記』とは、天文年間（一五三二〜五五）から始まり、各地における社会・政治の状況が編年的に記されたものである。とくに秀吉在世中の慶長元年（一五九六）から大坂夏の陣の元和元年（一六一五）にかけては、本書でも記したように、日を追って記事にしており、さまざまな地域や事件の動きが記されている。秀吉政治の具体的な内容、あるいはその後における各地の詳細な実態を伝えており、その内容はほぼ網羅されている。著者は不詳ではあるが、内容や用語の使い方をみると、江戸幕府の関係者から情報を得た者が、後年、関係資料を整理して執筆したとされる。徳川家康の外孫で、本書にも度々登場する松平忠明《まつだいらただあきら》（伊勢亀山城主）の著作ともされるが、その根拠はない。大坂の陣については徳川方の立場で記されてはいるが、その内容を吟味すると、きわめて信頼性の高いものである。徳川方からの見解であることに留意すれば、逆に脚色のない史実を紹介するものである。政治経済や社会の動向まで、網羅的な内容に加え、けっして地域に偏っていないという点からも、秀吉・家康政治の研究に関する根本史料である。

『駿府記』とは

『駿府記』は、慶長十六年（一六一一）八月朔日から同二十年十二月二十九日までの徳川家康の動静を中心として、各地の政治・社会の状況が記されており、家康の側近に仕えた者の著作とされるが不詳である。後藤庄三郎光次《ごとうしょうざぶろうみつつぐ》あるいは林羅山《はやしらざん》あたりが著者ともされるが、その根拠はない。ほぼ同じ内容を記す『駿府政事録』によると、慶長十六年八月朔日から新たに史官を置き、毎日の事を記録させたとあるので、同年三月に行われた秀頼との二条城会見などを契機とし、本書も作成されたと推測される。また『駿府政事録』の文章が漢文体であり、公式の日記としての体裁であるのに対し、『駿府記』が口語体で日常風の表現を残していることからも、作成された意図も推測される。家康の動向が中心となり、家康賛美の内容であることは否めないが、大坂方の交渉や大坂の陣に至る過程などは、日を追って記されており、『当代記』以上の詳細な内容である。

大坂の陣に関しては、『当代記』よりも、間違いなく根本史料である。大坂の陣は、大坂方の戦況を記したものもけっして少なくないが、ほとんどのものが後世に脚色されたものである。それだけに勝者（徳川方）の視点とはいえ、『当代記』と同様、本書が不可欠な史料であることは間違いない。

体験記や軍記物語

引用する古記録については、『当代記』と『駿府記』を中心としたが、大坂方の立場で記されたものもある。その代表的なものとして、後藤又兵衛《ごとうまたべえ》の近習である長沢九郎兵衛《ながさわくろべえ》が回想した『長沢聞書』がある。さらに秀頼の家臣山口休庵が、大坂冬の陣における城兵の働きを述べた『大坂陣山口休庵咄《やまぐちきゅうあんばなし》』もある。これらは戦場にいた者による、いわば体験記のようなものである。これらは、大坂方のものとしては脚色性が低く、ある程度の史実を伝えていよう。

その他、江戸時代、秀頼の伝記として記されたのが『豊内記《ほうないき》』（『秀頼事記』『豊臣秀頼記』）であるが、著者や成立年代など不詳な点が多い。また寛文十二年（一六七二）に成立した軍記物語の『難波軍記』もある。同書は真田《さなだ》信繁《のぶしげ》を「幸村《ゆきむら》」と称した初出とされる著名なものである。このように江戸時代に入ると、ヒーロー真田幸村に関する記述も多くなるが、さらに『大坂物語』は、江戸時代に上下二巻二冊の絵入り仮名草子《かなぞうし》として流布したものである。上巻が関ヶ原の戦いから始まり、主として大坂冬の陣の戦況が記され、残る下巻では夏の陣の戦況を記している。江戸時代に入ると、庶民の間で大坂の陣がわかりやすく語られたが、いずれも大坂方の立場から描かれ、その内容も詳細ではあるが、脚色性が高いことは否めない。本書でもあまり多く引用していないのは、このような理由からである。

『当代記』や『駿府記』だけではなく、徳川方の立場から記された古記録も少なくない。大坂冬の陣の福島・野田の戦いで、徳川方の石川忠総《ただふさ》（美濃大垣《おおがき》藩主、大久保忠隣の実子）は出陣し、とくに木《き》津川《づがわ》河口に位置する博労ヶ淵砦の支配をめぐり、大坂方に多大な損失を与えた。この石川忠総の家臣が記したのが『大坂御陣覚書』である。『山本豊久私記《やまもととよひさしき》』（『山本日記』）もあるが、これは徳川方へ転じた片桐且元の家臣山本豊久が筆記したものである。さらに『亀田《かめだ》大隅守《おおすみのかみ》高綱《たかつな》泉州《せんしゅう》樫井《かしい》表合戦覚書』もあるが、これは大坂夏の陣の前哨戦である樫井の戦いに出陣し、大坂方の先鋒である塙団《ばんだん》右衛《え》門《もん》や岡部《おかべ》則綱《のりつな》らと激しい戦闘を交えた亀田高綱（紀伊浅野氏の猛将）の体験を記したものである。いずれも、徳川方の武将の軍功を後世に伝える意図から記されたものである。自己の立場を強調するあまり、大坂方の状況に関しても、必要以上に脚色した場面もあるが、『当代記』や『駿府記』では、とうてい記述できないような場面や内容もある。戦況の実態に関して、より詳細に伝えた貴重な古記録の類である。適宜、本書で活用したのはそのためでもある。

Ⅳ　大坂冬の陣

22── 真田丸跡

周辺の地勢を考慮して構築された真田丸は，単独でも徳川方と対応できる構造になっていた．冬の陣では，大坂城の総構への直接攻撃を防ぐ役割を果たした．

1　方広寺鋳銘事件と両陣営の対決

突然の再建供養延期

大坂方が全力を傾けたのは、方広寺大仏殿の再建である。工事は慶長十五年（一六一〇）の半ば頃から始まり、同十六年十一月にようやく完成した（『当代記』慶長十七年十一月条）。その後も、大仏開眼《かいげん》や堂供養の日程、あるいはその導師を選任することなど、徳川方との間では多少の曲折があったが、いずれも大坂方の譲歩によってことなきを得ていた状態である。

慶長十九年七月七日、「秀頼公の使者として大坂から山口弘定が駿府にやって来た。本日、祝儀として秀頼公からは金一〇枚、さらに山口からの進物として、紫皮（体に装着する武具の類ヵ）一〇枚・太刀・馬なども進呈されたようである」（『駿府記』慶長十九年七月七日条）とある。これによると、秀頼自身も、家康へ使者を送っており、この時期の両陣営の関係には、とりたてて目立った動きはなかった。まさに八月三日の供養当日を迎えるばかりの状態であった。

しかし七月二十一日、駿府の家康は「崇伝《すうでん》と板倉重昌の二人を呼んで、方広寺大仏殿の鐘銘には、徳川方にとって不吉な語句がある。しかも上棟の日も吉日ではないと申し、多いにご立腹なされた」

23――方広寺大仏殿の鐘楼

（『駿府記』慶長十九年七月二十一日条）。たしかに京都方広寺大仏殿の鐘銘から、家康の態度はにわかに変わり、ただちに供養の延期が命じられた。

すでに大仏殿の再建供養を行うことが公表され、その用意もできていた。それにもかかわらず、八月三日、将軍秀忠はこれを延期すると命じたので、「天下の騒ぎ」となった（『東大寺雑録』）。徳川方から出された突然の延期命令は、上方の多くの人々を驚かせることとなり、両陣営の動きが活発化することになった。もはや誰の目にも、両陣営による衝突が避けられないことは明らかであった。だからこそ「天下の騒ぎ」となったのであろう。

片桐且元の駿府下向

八月十三日の夜、片桐且元は急遽《きゆうきよ》駿府へ赴いたが、大坂城内でも、少々のいさかいがあり、それに応じて大坂町人も、物々しい動きをみせた（『義演准后日記』慶長十九年八月十三日条）。片桐且元の動きは、しだいに目立つようになるが、周囲もそれなりの動きをみせることとなった（拙著『片桐且元』）。つまり大仏殿の鐘銘問題は、片桐且元だけの問題ではなくなってきたのである。九月二十三日、秀頼が島津家久へ宛てた書状によると、今回の大仏供養の件で家康の機嫌が悪くなったので、片桐且元を徳川方へ派遣した。すると、大仏供養の件はさておき、使者である且元には三ヵ条の案が持ちかけられたとある（『薩藩旧記雑録後編』）。

両陣営の間では、大仏殿の鐘銘に関することではなく、三ヵ条の案が争点になっていたのである。この三ヵ条の案とは、同書状によると、①豊臣氏が大坂城を明け渡して国替えすること、②豊臣氏は他の大名と同様、江戸に屋敷を持ち居住すること。③もしも②のことが不可能ならば、母親の淀殿を人質に出すことである。

三ヵ条案の意味するところ

たしかに大仏殿の鐘銘問題だけで、家康の「機嫌」が悪くなったわけでもなく、すでに徳川方から出された三ヵ条の案を呑むか否かが、両者の焦点となった。大坂方にこの三ヵ条が提示されたのは、片桐且元が駿府から大坂へ戻った九月十八日のことである（『駿府記』慶長十九年九月二十五日条）。

ここでの徳川方は、「秀頼や淀殿はとんでもない思い違いをしており、秀頼の側近らは、若輩のためかまったく世の中を知らない」とする。さらに「このことを心配するあまり、福島正則などは書状をもって、徳川方に訴えてきた」ともある（『駿府記』慶長十九年十月十三日条）。

しかも家康の側近である本多正純が、この福島正則の書状を内見すると、今回の大仏殿をめぐる騒ぎでは、秀頼らが徳川氏へ謀叛を起こすことが記されており、まったくもって、「悪魔のような行動」をとろうとしたともある。家康は、いち早く大坂方による軍備増強の実態を暴露し、「このような態度をすぐに改め、その証拠として淀殿が、江戸や駿府に住むならば、今後も、秀頼が長く生きることができよう」(『駿府記』慶長十九年十月十三日条)と述べて、件の三ヵ条を提案したことを持ち出した。すべての非が大坂方にあるとし、さらには大坂方と親密な福島正則なども、江戸に妻子以下の人質を差出し、家康・秀忠へ忠誠を尽くしているとした。もしも秀頼らが、今までの野心を改めなければ、「この福島正則をはじめ、天下のすべての軍勢が大坂へ向い、必ずや大坂城を攻め落とすことは間違いないであろう」(『駿府記』慶長十九年十月十三日条)との見解を出した。

すでに両者の間では、大仏殿の鐘銘問題が重要な要素ではなく、あくまでも大坂方の強硬派による軍備増強を改めることが問題となっていた。大坂方に、徳川方の提示する条件を承諾する以外はないように仕向けたのである。まさに秀頼が島津氏へ宛てた書状の内容とも一致する。これまで徳川方との開戦を回避するために腐心してきた片桐且元が大坂城を立ち去るのも、無理からぬ状況になっていたのである。

この三ヵ条とは、秀頼が秀吉政治を後継するに値する人物ではなく、一大名として存在するならば、何とかその存続だけは認めるとの条件提示である。片桐且元がこの条件をそのまま持ち帰ったのも、長年にわたる両陣営の状況を理解していたからである。

ともかくも徳川方から仕掛けた「三ヵ条」の提示によって、両者の関係が一気に悪化し、大坂方と徳川方の対決が迫ってきた。

片桐且元の大坂城退去

この「三ヵ条」を知ると、秀頼や淀殿は不快となり、その周囲の状況も、「大坂では、大野《おおの》治長《はるなが》・青木《あおき》一重《かずしげ》・石川貞政《さだまさ》・薄田兼相《すすきだかねすけ》・渡辺糺《わたなべただす》・木村重成《きむらしげなり》・織田《おだ》頼長《よりなが》、その他一〇人余りの人間は、秀頼の指令で片桐且元を殺害しようとした。このことを且元が知ると、自宅に籠もる準備をした」（『駿府記』慶長十九年九月二十五日条）とある。且元が大坂に戻り、「三ヵ条」が大坂方へ提示されると、大野治長らの勢力が台頭し、秀頼の指令で且元の殺害が計画された。

九月二十三日、片桐且元は殺害計画を知ると、病と称して城内の屋敷に閉じ籠もるが、一方の大野らは、これを討とうとして片桐邸を取り囲む。「市正（片桐且元）・主膳正（片桐貞隆《さだたか》）、家中の者どもも、上下の屋敷に相籠り、一戦に及ぶ可く覚悟仕り候へども」（『譜牒余録』）とあり、これに片桐且元も応戦した。しかし且元は、「攻めてくる者には弓などを放ってはいけない。しかし屋敷の壁を上る者があれば、槍の柄で退けてもよい」とも命じる（『譜牒余録』）など、けっして秀頼に敵対する気持ちを出していない。そのため伊東長次《いとうながつぐ》・速水守久《はやみもりひさ》ら七手組《ななてぐみ》（親衛隊）の頭らは、且元と大野の両者の間に入り、且元らが城を出て高野山《こうやさん》に登って出家するということで、この紛争は解決した。

このような経緯があって、十月朔日、片桐兄弟は大坂城を立ち去る。しかしこの見送りには七手組の面々が立ち会い、大野治長と織田有楽斎の子を人質に取りながら、片桐且元以外は、貞隆以下二、四千人の家臣がすべて武装しており、いつでも戦闘できるような態勢をもって、玉造門から摂津の茨《いばら》木城《きじょう》へ立ち退いた。「九月二十八日、石川貞政も妻子を連れて、大坂城から立ち退いた」(『駿府記』慶長十九年九月二十八日条)とあるが、これも片桐且元の動きに連座したものである。片桐兄弟は、大坂方から改易《かいえき》された形となり、その後の大坂方は、大野治長や布施《ふせ》左京亮《さきょうのすけ》が指揮することになったとされる(『駿府記』慶長十九年十月七日条)。それまでの且元らに代わり、大野治長らが主導することになったことは、秀頼も充分に理解していたようである。

島津氏への参陣要請

九月二十三日、秀頼は島津家久に宛てて、自分からの使者だけではなく、高島七郎兵衛《たかしましちろうべえ》という大坂と長崎を往来する商人も派遣し、島津氏にはぜひとも大坂方に参陣することを依頼した(『薩藩旧記雑録後編』)。これに対して島津氏は、「関ヶ原の戦い後、薩摩国で謹慎《きんしん》していたところ、家康様のご尽力で所領を安堵することができたので、とうてい大坂方にお味方することはできない。しかし高島七郎兵衛は商人であるから、殺してしまうこともできないので、大坂方からいただいた脇差しだけは返す」(『駿府記』慶長十九年十一月朔日条)と回答した。秀頼としては、徳川方から件の「三ヵ条」を提示され、あわてて自分の使者に加えて、島津氏と懇意である長崎商人を派遣したのであろう。なお大坂方が長崎をめぐる交易に対し、いまだに一定の権利を有していたと解釈することもできよう。

しかし関ヶ原の戦いによって、敗者の立場となった島津氏からすれば、その後、徳川方から領知安堵されたことを理由として、秀頼の「誘い」は断るしかなかった。こちらも前田氏と同様の論理で、大坂方や徳川方、どちらの陣営に恩義を感じるかという精神的な問題云々よりも、国土に対する領知宛行権が、すでに徳川方の手に委ねられていたことをよく認識していたのである。

さらに慶長十九年（一六一四）十月朔日、細川忠興《ほそかわただおき》は、すぐにも軍勢を送るとも噂のあった島津氏に対し、「いつもとは少し違うようだと申すかもしれないが、よく考えてもよいのではなかろうか」と述べ、大坂方へ軍勢を送ることをいさめた。情報通として知られる忠興でさえ、この有り様であり、多くの大名は事態をよく掌握することができていない。諸大名は正確な情報を得ることに終始したようである。この点は後述するが、大坂城内の片桐且元と大野治長らの間で、対立・抗争があり、さらに牢人らの召し抱えをめぐるさまざまな「雑説」が飛び交っていた。

秀頼からすれば、自らの「親書」を諸大名に送れば、動員に応ずるものとの目算があった。秀頼による諸大名への「誘い」に対し、徳川氏の方も正面から異義を唱えることはできず、意外にも有効的な方策であったこともたしかである。しかし島津氏であっても、すでに領知安堵が保証されており、これを根拠として、徳川方との関係を考えるようになると、秀頼からの「誘い」に応ずる大名は皆無であり、拒否するのも無理からぬことであった。なお不安定な状況を理由としつつ、細川忠興が島津氏に出陣することをいさめたのも、実は徳川方の思惑をよく理解し、それを代弁したのかもしれない。そうだとすればきわめて高度な政治判断であるが、いずれにせよ、島津氏が大坂方として動くことはなかった。

秀頼の弁明

大坂方は、秀吉恩顧の大名だけではなく、伊達政宗のような東国大名にまで、自軍への参陣を勧誘しながら、慶長十九年（一六一四）九月二十八日、秀頼は京都の板倉勝重に対し、「こちらの様子は、桑山市右衛門《くわやまいちえもん》（秀頼の家臣）が申した通りです。今回、片桐且元が駿府から大坂城へ戻って来て、自分の屋敷に軍勢を集めてきて、不届きなことをしている。このことはとても書状では説明できないものであり、詳しくは口頭で使者へ申し上げました。この使者を駿府と江戸に送りますので、このことはその者から聞いて下さい」（『御撰大坂記』『譜牒余録』）との書状を出した。

同年十月九日にも、秀頼は各所に対し、「今回、片桐且元が私に数々の不届きなことを申したので、彼を処罰したところ、家康様が大変に立腹されて、近日にこちらへ出陣なさるとのことですが、それは全くの考え違いであります。私は、家康・秀忠様に反逆するなどの野心を持っていません。このことはよく申しあげます」（『駿府記』慶長十九年十月十九日条）との書状を出した。

これらによると、秀頼は駿府から大坂へ戻った片桐且元へ書状を送り、説得する一方で、京都の徳川方には、片桐且元のことを「不届き者」として通告し、家康・秀忠の方にも、自己を弁明する使者を派遣する旨を申し送ったのである。また諸大名に対しては、秀頼は、徳川方とはまったく戦闘する意思のない書状も出した。

しかし九月二十八日、京都の板倉勝重が徳川方の本多《ほんだ》忠政《ただまさ》（伊勢桑名城主）へ宛てて、大坂方では、片桐且元が人質を引き上げて、大坂城を出て、天王寺《てんのうじ》方面の攻撃に向かったことを知らせた。すでに徳川方は、「これまでとは違う体制となった」とし、大坂方に状況の変化があったことを察知し、すぐにも大坂城へ出陣できるような指示も出した（「藤堂家文書」）。

徳川方は、秀頼からの弁明など聞かずとも、大坂方の状況をすべてよく理解していたことになる。いよいよ両陣営が激突するのが現実のものとなった。

籠城の準備

片桐且元が大坂城から退いた後、大坂方は、いよいよ守城の意思を固めた。十月朔日、大野治長・同治房・織田有楽斎父子・木村重成・渡辺糺・薄田兼相らは、「七手組」の速水守久・青木一重・真野《まの》助宗《すけむね》・伊東《いとう》長次《ながつぐ》・堀田《ほった》盛重《もりしげ》・中島《なかじま》氏種《うじたね》・野々《のの》村雅春《むらまさはる》の七組頭を招き、挙兵の合議を行った。しかしそのなかで、まず青木が反対し、さらに他の者たちも、大野治長らの意見に従わなかったとされる。

さらに十月十一日のことであるが、「大坂方がいよいよ籠城の準備をしているが、そのため多くの金銀を捻出し、大坂周辺では米穀を購入し、武具なども城内へ運び込んだ」とあり、莫大な資金を用いて、大坂周辺の米を購入し、武具などを城内に配備するだけではなく、「大坂の城下も周辺を壁で覆い、職人数百人を動員し、櫓《やぐら》などにも籠城の準備をしたようである」（『駿府記』慶長十九年十月十一日条）ともある。大坂方は、大坂の町全体をもって籠城の準備に取りかかっていた。そのうえで、牢

表2── 主な大坂参集の牢人衆

氏　　名	軍勢数（人）	備　　考
真田幸村	6,000	
長宗我部盛親	5,000	後に2,000〜3,000人の軍勢増加
仙石秀範	5,000	後に軍勢増加
明石全登	4,000	宇喜多秀家の家老、キリシタン
毛利勝永	4,500	豊前小倉城主毛利勝成の子
織田頼長	10,000	織田有楽斎の子
京極備前	6,000	京極高次や高知の従兄弟
石川康長	5,000	信濃松本城主、大久保長安事件で改易
石川康勝	5,000	康長の弟、後に数千人の軍勢増加
後藤又兵衛	6,000	後に軍勢増加
山川賢信	2,000	後に3,000人の軍勢増加
北川宣勝	2,000	後に3,000人の軍勢増加
御宿政友	200	元は結城秀康配下の1万石配下
細川興五郎	5〜10騎程度	小身（細川忠興とは別人物）
結城勝朝	〃	小身
伊木遠雄	〃	〃
名島忠統	〃	〃
浅井長房	〃	〃
三浦義世	〃	〃
稲木教量	〃	〃
南部信連	〃	〃
多田藤弥	〃	〃
武田永翁	〃	小身、秀吉の御咄衆で諫め役
塙団右衛門	10騎	物見役、元は加藤嘉明の家臣
新宮行朝	10騎	物見役、紀伊新宮城主堀内氏善の子氏弘

（典拠は『大坂御陣山口休庵咄』）

人などを多く召し抱えるなどしたのであろう。

大坂方の招きに対し、諸大名でそれに応ずる者は一人もいなかったが、その一方で大坂方は、「いよいよ城内に牢人たちを召し抱え、籠城の準備をした」(『駿府記』慶長十九年十月五日条)とあり、さらに「去る九月六日と七日、京都にいた牢人のうち、長宗我部盛親《ちょうそかべもりちか》・後藤又兵衛・仙石秀範《せんごくひでのり》・明石全登《あかしてるずみ》・松浦重政《まつらしげまさ》、その他、その名も知られていない牢人一〇〇〇人余りを、金・銀で雇い、籠城させた」(『駿府記』慶長十九年十月十二日条)との状況となり、すでに十月六、七日頃には、真田幸村・長宗我部盛親・毛利勝永《もうりかつなが》・明石全登・後藤又兵衛ら名のある牢人たちは続々と大坂城へ入った。

この時の大坂方の軍勢数は、大坂方の記録では、「籠城の総人数は、一二、三万人はいたとの報告である。その内で、一万二、三千人が馬上の武士、六、七万人が歩行の武士、さらに雑兵として五、六万人がいて、その他に本丸に女中が一万人くらいいたようである」(『大坂御陣山口休庵咄』)とある。やや多すぎる数かもしれないが、「足軽より上の武士は、甲《かぶと》を着けた武士が八七〇〇人いて、雑兵が一〇万人はいるとの報告であった」(『長沢聞書』)との記録もある。ともかくも一〇万人以上の軍勢が大坂城内に配備されたようである。

軍勢の様子

ところで開戦後の大坂城内の軍勢の様子については、「どこも同じような状況にあるが、武者姿の者が夜も昼も城内を警備した。個々の軍勢の指揮官は、木村重成・後藤又兵衛・明石全登・長宗我部盛親・毛利勝永であり、この他、七組頭も順番で警備を担当した」とあり、木村重成・後藤又兵衛らをはじめ、名のある牢人らが軍勢のリーダーとなり、統率していた。あるいは「織田頼長（有楽斎の息子）は、夜警を担当する武士で、馬上の武士として六、七騎とともに行動した。その姿は金の小札《こざね》に、紅や紫の糸で威《おどし》が施されている鎧を着け、頭には獅子《しし》の形をした甲をかぶっていた。一間半の竹棒に四尺ほどの横手を付け、そこに桐紋の旗や自分自身の指物や二、三寸ほどの綵《さい》を結い付けていた」ともあり、華麗な武者姿で城内の警備がなされていたことが知られる。さらに「『七十分』という女武者を引き連れた者がおり、彼女に朱色の具足と朱色の鞘の大小刀、赤い幌《ほろ》をかけさせていた。もしも居眠りをする者などがいれば、彼女に命じて打ち捨てさせたこともあった」とある。華麗な武者姿の女性が、城内における軍勢の警備にあたり、そのなかにもしも居眠りをする者がいたら打ち捨てたとあるが、にわかには信じがたいことでもある。

さらに「大野治長は大坂方の大将格として、城内でも乗物によって行動したが、その弟である大野治房と治胤は、単に軍勢の一武士にもかかわらず、夜警をすることはない」（『大坂御陣山口休庵咄』）ともあり、大野兄弟らだけが優遇されていた様子も目を引く。馬上の侍が多くの軍勢を指揮したが、これら馬上の指揮官を統率する者だけが乗物を許された。いわば乗物に乗ることは、総指揮官の地位を示すものであった。

淀殿の指揮権

このような華麗な武者姿の状況ばかりが目立ったからこそ、「大坂方の軍勢をすべて淀殿が指揮したので、大坂方はすべての軍勢があきれたとのことである」（『駿府

表3――主な秀頼の家臣

氏　名	知行高（石）	軍勢数（人）	備　考
大野治長	10,000	10,000	総大将
大野治房	5,000	5,000	
大野治胤	3,000	5,000	
南条元忠	10,000	3,500	内通の嫌疑で処罰
内藤長秋		1,500	
細川興秋	5,000	2,000	忠興の次男
石川貞政	12,000		離反
杉原長房			離反
薄田兼相	5,000	2,500	後に軍勢増加
赤座直規	3,000	1,000	30騎（与力）を含む
村井右近	2,000	800	20騎（与力）を含む
山口弘定	2,000	50騎（与力）	50騎（与力）を含む
槙島重利	2,000	50騎（与力）	50騎（与力）を含む
岩佐正寿	2,000	50騎（与力）	50騎（与力）を含む
木村重成	700	8,000	
渡辺糺	500	300（根来鉄炮衆）	
丹羽勘解由	800	1,500	
別所蔵人	400	人数なし	秀吉の気に入り
木村宗明		25騎（馬上）	木村重成の叔父
井上時利	800	1,000	
桑山十兵衛	1,000	1,000	
内藤忠豊	小身	人数なし	
生田忠三郎	小身	人数なし	
内藤新十郎	小身	人数なし	
七手組頭			
速水守久	10,000	50騎（与力）	
伊東長次	20,000	50騎（与力）	
堀田正高	7,000	50騎（与力）	
野々村吉安	3,000	50騎（与力）	
真野頼包	2,000	50騎（与力）	
中島氏種	1,000	人数なし	
青木一重			

（典拠は『大坂御陣山口休庵咄』）

記』慶長十九年十月二十二日条）との記録になったようである。すべてを淀殿が仕切っていたことが想定されるが、これはあくまでも徳川方の記録であり、何らかの誇張や捏造《ねつぞう》もあろう。さらに大坂方の軍勢を統率した大野治長の評判も良くないが、これなども敵対する徳川方からの記述であるので無理ないことだろう。しかし、ここに記されているように、大野兄弟らが大坂方の首脳であったことだけは事実であろう。

ちなみに大坂城から徳川方の二条城へ逃亡してきた者がいるが、その者は「大坂城に籠城した軍勢は、三万余人といわれた」(『当代記』慶長十九年十月二十八日条)と報告した。これも徳川方による記録であり、先述の記録と大きな齟齬《そご》があるのは否めない。大坂方の実際の軍勢数やその様子は、これまで伝えられるほどではなかったかもしれないが、表の通りである。

徳川方の開戦理由

大坂方は、来たるべき戦闘に向けて準備をしたが、これに対する徳川方の動きもすばやく、「大坂へ出撃するよう、近江・伊勢・美濃・尾張・三河・遠江の諸大名に命じた」(『駿府記』慶長十九年十月朔日条)とある。

件の「三ヵ条」の条件を持ち帰った片桐且元は、大坂城内で暗殺されそうになり、さらに彼が大坂城を立ち去ると、すぐさま家康は、東山・東海両道の六ヵ国へ動員の触書を出した。さらに家康は、江戸の秀忠にもこれを通告して準備をさせた。このように十月朔日、家康は秀頼からの使者に接する前に、すでに開戦を決意した。家康から仕掛けた「三ヵ条」によって、片桐且元が大坂城を立ち退くようになり、大野治長ら主戦派が登場するようになった。大坂方は、戦争気分に沸き返ることとなり、まさに徳川方の狙い通りになったのである。

徳川方の動員令とされる十月三日付の佐竹義宣《さたけよしのぶ》宛ての本多正信《ほんだまさのぶ》・酒井忠世《さかいただよ》・土井利勝《どいとしかつ》連署状には、「この頃大坂では、若い者たちが良からぬことをいって騒いでいる」とあり、大坂方が新たに牢人衆を召し抱え、大坂城内に不穏な動きがみえてきたので、徳川方は開戦に踏み切ったとする。しかしこれは単なる口実にすぎない。すでに家康は戦いを仕掛けていたからである。続けて本多正信ら秀忠の奉行人は、「九月二十六日の日付でも報告したが、これについて、もし何事かあれば、すぐにも招集した軍勢は武装したまま動員できるよう、家康様から命じられている。このことをよく心得て、江戸まで来るようにせよ。この書状を旅の途中でみたならば、まずはご自身が江戸へ直接来て、それから軍勢を呼びなさい」（「佐竹古文書」）とも記している。

家康の動員指令

たとえ秀忠の側近から東国大名へ出された動員令であっても、実質的には家康の命令であった。まず家康からの命令があり、はじめて東国大名も江戸の秀忠のもとに集結することになったのである。

前日の十月二日にも、家康側近の本多《ほんだ》正純《まさずみ》・成瀬《なるせ》正成《まさなり》・安藤《あんどう》直次《なおつぐ》の三人は、本多忠政（伊勢桑名城主）と松平忠明（伊勢亀山城主）に対し、家康の動員指令を提示した（『譜牒余録』）。ここでも、大坂方に不穏な動きがあったから、家康が出陣することになったとする。さらに十月四日の動員令でも、「大坂で片桐且元と大野治長の言い争いがあり、さらにその周辺では騒いでいる」ともある。

たしかに大坂方では、片桐且元と大野治長の抗争があり、同時に大坂城の牢人衆が「雑説《ぞうせつ》」（雑多なうわさ）を申して騒いでいた。だからこそ家康自らが上洛して処理をすることになったのである。大坂城内の不穏な動きに対し、徳川方はこれを鎮圧することを開戦の理由にした。しかもその標的として、新規に抱えた牢人衆を制裁することが選ばれたのである。

徳川方は、佐竹氏など東国大名には、まずは江戸に集結するよう指示した。このような大名動員については、佐竹氏のような国持ちの有力大名であるなら、そのまま彼らに軍勢の動員を任させた。つまり各地の大名は国単位で動員されることになり、国持ちではない中小の大名も、その国単位によって動員されたようである。白根孝胤氏の研究によると、美濃の諸大名を動員する場合には、死去した菅沼忠政《すがぬまただまさ》(美濃加納《かのう》城主)に代わり、松平忠明が諸大名の軍勢を率いることとなった。また伊勢国では、本多忠政が責任者となって国内全域の軍勢を率いることが命じられた。

このように徳川方の大名動員においては、国単位で国内の軍事編制がなされており、とくに中小大名が多く配置された地域では、そのなかから軍勢を統括する大名が指定された。しかも伊勢国の諸大名の集結場所は、当初は近江瀬田と決められていたが、すぐさま伏見へ集結するような変更もあり、情勢の変化とともに、徳川方から的確な指示が与えられた。

秀頼の勧誘と諸大名の対応

大坂方では、片桐且元が大坂城から立ち去ると、開戦派の大野治長らが主導権を握った。いよいよ両陣営は衝突することとなった。長年にわたり、両陣営の間で交渉役を担当した且元が退くことによって、大坂方の軍備増強が表面化したのである。このことも徳川方に開戦の口実を与える結果となった。

徳川方が指摘した大坂方の牢人雇用とは、すでに片桐且元の時からも行われていた。したがって大坂方の軍備増強は、かなり以前から行われていたのである。このようなことからすると、大坂城から且元が退去し、大野治長らが台頭したことこそが、徳川方に開戦の契機を与えてしまったといえよう。この点からも、片桐且元の反逆を理由とする秀頼の弁明が、いかに無益なものであったことかが知られよう。

ところで同年十月十九日に、家康の側近本多正純は、「島津・毛利氏をはじめ、その他、中国・四国の大名が軍勢を率いて、そのすべての軍勢で大坂方面へ駆け付けることを心配した」(『駿府記』慶長十九年十月十九日条)といっており、この段階になっても、家康は有力な西国大名の存在を警戒していた。前述した前田氏だけではなく、このようなメンバーの大名にも、秀頼からの勧誘がおよんでいたからである。このことはもしかすると、大坂方からの多数派工作が、実はかなり進んでおり、これに徳川方が警戒したのではなかろうか。

しかしこの段階において徳川方が、すばやく開戦に踏み切ったのは、秀頼による多数派工作も、秀吉恩顧の西国大名らだけではなく、大坂から右筆《ゆうひつ》の和久是安《わくぜあん》が使者となり、東国大名である伊達政宗の所にもおよんでいたことも影響しよう。しかもこの伊達政宗への使者は、秀頼の書状と黒印状を持参して、大坂方への参陣を求めた(『駿府記』慶長十九年十一月三日条)。この時の伊達政宗は、「家康・秀忠様の御恩を、いつまでも忘れることはできないし、秀頼とは、とうてい同じ考えを持つことはできない」と拒絶し、使者の和久是安も逮捕している(『駿府記』慶長十九年十一月三日条)。

伊達政宗は、たしかに大坂方からの勧誘を即座に拒否したが、徳川方の開戦に至るまでのすばやい動きをみると、大坂方による大名への勧誘の動きはけっして無視できなかったのである。徳川方は、実は秀頼による諸大名への「勧誘」を無視することはできなくなっていたのではなかろうか。

大名同士の多数派工作

秀頼から出動の命令が諸大名へ出されても、誰一人として秀頼の勧誘に応ずる大名がいなかったことも事実である。さらに細川忠興などは、再三にわたり、島津氏へ書状を送って、大坂方への出陣を思い止まらせていた。

その他、福島正則（安芸広島城主）の例をみてみよう。周知のように、福島正則は、秀吉に見出された典型的な秀吉恩顧の大名であり、当然の如く、秀頼とも親しかったが、自ら「今回は秀頼様の対応に不満である」と公言した（『駿府記』慶長十九年十月八日条）。彼も、片桐且元と同様、大坂方の現況に不満があったようである。そのためか福島正則は、自分には大坂方に加わる意思などはなく、その証拠として、自らの軍勢は国許へ引き上げ、嫡子が大坂城攻撃へ出動することを明言した。自分自身は、人質として江戸に留まるとまで弁明したのである。

秀頼から諸大名へ動員の要請が出され、大坂方による多数派工作も顕在化していたが、いずれの陣営に参加するのかは、彼らの「判断」に任されていた。しかし、すでにいずれかの陣営に加わるのかを明確にすることが重要になっていた。ここでの福島正則の弁明は、きわめて明快なものではあったが、前述した前田氏や浅野氏の行動などをみると、やはり福島正則の態度は曖昧《あいまい》な感がある。明快な事実をもって弁明しなければならないように、いまだに大坂方へ走る可能性のある人物としてみられていたことになろう。

大坂方からの強烈な誘いが進む一方で、十月二十五日、島津家久が池田《いけだ》利隆《としたか》（播磨《はりま》姫路城主）へ宛てた書状によると、島津氏は、それまであまり馴染みのなかった池田氏に対し、ぜひとも直接会いたいとしながら、とくに姫路城に近い大坂の状況を知りたいと切り出して、さらには徳川方の動向まで聞き出そうとした（『薩藩旧記雑録後編』）。大名同士による生々しい多数派工作（情報交換）が進められていたが、島津氏は、「我ら遠国のため、まだよく事態を承知することが叶いません」とし、正確な情報収集に躍起であった。秀頼からの招きに対し、即座に断りを入れながらも、島津氏などは、このような書状を出していた。情報の少ない遠方の大名からすれば、不安な状況であったことは間違いない。しだいに両陣営の決戦が迫ってきたが、大名同士の情報交換もなされ、自らの進むべき道を模索していた。たしかに浅野氏や前田氏のように保身に長けた大名もいたが、福島正則や島津氏のように、最後の最後まで奔走していた大名もいたのである。

籠城論の正当性

いよいよ徳川方との決戦となったが、当時の大坂方では、ともかくも大坂城に籠城さえすれば、何とかなるとの考え方があった。これは、たとえ家康の指示に従って日本の諸大名すべてが大坂城を包囲したとしても、秀頼が「自らを守るとの起請文」を差し出すことを命ずれば、必ずや大坂方へ味方する大名が続出する（『大坂陣山口休庵咄』）との考えである。

このような理解のうえに立つならば、たしかに当初から大野治長が主張した籠城論にも、それなりの目算があったのかもしれない。しかしこれは精神論以外の何物でもなく、大坂方にはまったく「戦略」らしきものはなかったと考えるべきである。先述の籠城論も、あくまで「逸話」の類いではあろうが、このような記載が残されたことこそ、すでに大坂方に心を動かす大名がほとんどいなかったことを物語るものである。

わずかでも、大坂方に動く大名が出現することがあれば、大野治長の籠城論も有効なものとなった。島津氏のように、揺れ動いた大名もいたが、まったくの結果論でしかなく、まずは大坂方が肝心の多数派工作に敗れたのである。

同年十月二十五日、島津氏へ宛てた細川忠興書状（『薩藩旧記雑録後編』）によると、①隣国の様子はその大略を報告すること、②江戸・駿府の様子は詳しく報告すること、③大坂から私たちに何かを知らせてきたことを質問し合うこと、④大坂のことで承知していることは報告すること、⑤長崎の貿易についても報告すること、などの記載がある。ここでも細川氏と島津氏が、とくに大坂方の動向について、お互いに情報交換することを確認し合っていた。さらに⑤とは、長崎を介した貿易のことであろう。このように島津氏だけではなく、細川氏も、長崎での貿易に関心があったのである。個々の大名による長崎貿易が存在していたことこそが、九州大名の優位な立場を示す。換言すれば、いまだ長崎における貿易を実施すらできない東国大名の徳川氏の弱点でもあった。大坂の秀頼がこの弱点に気づいていたのかは定かではない。しかし秀頼の招きに応じて、大坂方へ参陣する大名は誰一人いなく、早くから徳川方への参加を決めていた島津氏や細川氏でも、内実は大坂方の動きには、最後まで興味があったことも事実である。

牢人スカウトは片桐且元か

徳川方は、大坂方が新たに軍備増強したことを開戦に踏み切った理由にしたが、大坂方において、このような牢人の召し抱えを企画・実施したのは誰であろうか。

関ヶ原の戦い後、主君である黒田《くろだ》長政《ながまさ》（筑前福岡城主）とのトラブルで、後藤又兵衛の嫡男は追放されたが、又兵衛自身は大坂で暴漢を退治するなどの武功をあげた。この噂を聞いて大坂方の武将に招いたのが片桐且元であるとされる。さらに、真田幸村に入城を促す使者を送ったのも且元である（高橋圭一『大坂城の男たち』）。当初、真田幸村は時期尚早と断ったが、その後、幸村も且元にスカウトされて、慶長十九年（一六一四）十月、大坂城へ堂々と入城したのである（『厭蝕《えんしょく》太平楽記』）。

早くから後藤又兵衛は、このように大坂方へ加わり、五〇〇〇石で仕官するようになったことには片桐且元の存在があった。

真田幸村も、関ヶ原の戦いで西軍へ加わり、そのため罪人として数年間は高野山へ引き籠もったが、秀頼が当座の手当として黄金二〇〇枚と銀三〇貫目を与えて引き入れた（『大坂御陣山口休庵咄』）。当座の手当としては、あまりにも巨額であるが、京都から金座《きんざ》の後藤家の者を呼び寄せ、城内の金を吹き流した「竹流し金」が活用されたようである。なお後藤家に「竹流し金」を鋳造させたのも、片桐且元である（拙著『片桐且元』）。こうして幸村は、大坂へ籠城するようになったのである。

このように金銀を用いて、早くから大坂方は多くの牢人を雇用したが、大坂冬の陣開始とともに、「若原右京《わかはらうきょう》が播磨の牢人を引き連れて籠城し、浅井《あざい》周防守《すおうのかみ》（政賢《まさかた》・政堅《まさかた》）は淀殿の親類である。その他、根来《ねごろ》衆三〇〇騎が籠城したが、いずれも多くが金・銀で集めた牢人であり、その数はわからない」（『駿府記』慶長十九年十月十四日）との状況になった。

大坂方の牢人募集

さらに大坂から上洛した「樫原」という人物の証言によると、ある人物が淀周辺で大坂方に雇用されたが、その人物は、これをみつけた町人とその従者によって殺害された（『当代記』慶長十九年十月十日条）。大坂方に雇用されたこの人物は、なぜ殺害されなければならなったのかは不明であるが、町人からすれば、彼ら牢人は危険な人物と思われたのであろうか。

その他、（慶長十九年カ）七月四日付の大野治房書状（宛所なし）によると、大坂方の大野治房は、まだ面識のない「香雅楽《うた》」という人物に会うため、ある人物に連絡した（「大阪城天守閣所蔵文書」）。この「香雅楽」という人物を特定することはできないが、肥後国の武将（「香雅楽」）を大坂方に勧誘する人物がいたと考えてよい事例である。大坂方は、ある人物を介して、各地から多くの人材を募り、軍備を増強させていたのである。

それでは大坂方は、どのような手段で人材を集めたのであろうか。「大坂城内のことは、日雇いの軍勢ばかりが集められ、騒然とした状況となっている」（『本光国師日記』）との記録があり、さらには「大坂の軍勢とは、各地から寄せ集めた得体の知れない者ばかりで、多くの金・銀で集められた者たちである。どのようにして戦うのであろうか。竹流しの金子などをたくさん貰えればおとなしくなる者ばかりであると、京都の人たちもいっている」（「翁物語」）との記録もある。このような雇用が本当に行われていたのであろうか。ともかく大坂方の軍勢の質の悪さを強調するものが多いが、敗者の立場からすれば仕方ないことである。

しかし真田幸村・長宗我部盛親・毛利勝永の三人衆、これに明石全登・後藤又兵衛を加えた五人は「五人衆」と呼ばれ、城内では格別の扱いをうけていた。とくに前者の三人は、いずれもれっきとした大名であり、後者の二名も陪臣《ばいしん》ではあるが、歴戦の勇士であった。

こうしてさまざまな事例を挙げてみると、当然のことではあるが、指揮官クラスの人材と、日用の軍勢を募集するのとでは、雇用方法が明らかに違っていた。町人に殺害された大坂方の牢人がいたことも、まったく理解できないことではない。

都市堺の支配をめぐる抗争と緒戦

慶長十九年（一六一四）十月朔日、片桐且元は大坂城を退くが、このことはどの著作にも記される。またこの事実から、冬の陣が始まったとするものも多い。しかし、どのような事実の経過があって、両陣営が戦闘を開始したのかは明らかではないなか、「十月十日頃、堺の町人が大坂方に味方し、煙硝一〇〇〇斤を献上し、秀頼公の朱印状を要請したことを聞いた」（『当代記』慶長十九年十月十日条）との記載は注目すべきものである。

堺の人々は、大坂方へ鉄炮・弾薬・武器などを献じ、諸大名はまず、秀頼の方に従うことを誓った。このため十月十二日、大坂方の赤座直規《あかざなおのり》・槙島重利《まきしましげとし》は、軍勢三百余りを引き連れて堺へ行き、堺から武器を徴発した（『駿府記』慶長十九年十月十五日条）が、翌十三日、大坂方は、今井宗薫《そうくん》とその子宗呑《そうどん》を捕らえて、彼らを大坂城で監禁した（『本光国師日記』慶長十九年十月十九日条）。このような大坂方による堺への攻撃があり、当時の堺奉行芝山正親《しばやままさちか》（徳川方）は抵抗することができず、和泉の岸和田へ逃れた。ここに両軍による戦闘が開始されたのである。

徳川方の芝山らが、摂津茨木城の片桐且元へ救いを求めたので、大坂方の軍勢は堺奉行所を占拠することができた。大坂方のこのような攻撃に対し、片桐且元配下の多羅尾半左衛門・富田は堺支援に赴いたが、堺を占拠した大坂勢は、茨木からの片桐配下の者たちと戦闘を交えることになった。さらにその後、片桐且元配下の牧治右衛門らは、吹田《すいた》から尼崎《あまがさき》を経由し、海路で堺へ向かう予定であったが、尼崎城主の建部政長《たけべまさなが》に拒絶されてしまう。こうして大坂方の軍勢は、尼崎周辺において、徳川方であった片桐且元配下の軍勢を壊滅させたのである。このように大坂方は、緒戦において、大坂湾の拠点である堺および尼崎を確保していたことになる。大坂方としても、兵粮など軍需物資の補給路として重要な港湾都市堺の支配を重視した。対する徳川方は、淀川の河川交通を用いて、堺と対局にある尼崎の奪取に向かったのである。

このように堺や尼崎をめぐる争奪戦があり、いよいよ両陣営による戦闘が激化した。緒戦は大坂湾における海上交通の支配をめぐる戦いとなったが、十月六日、七日頃、徳川方は奈良方面へ軍勢を集結させ、大和国から河内方面へ進撃した。一方の大坂方は、宇治や槙島（伏見城周辺）に放火し、摂津茨木では、片桐兄弟を討ち取ったとの噂まで出された（『駿府記』慶長十九年十月十二日条）。

大坂方の戦略

大坂方は港湾都市堺を掌握した勢いで、河内から大和方面まで進撃したが、このようなコースを固めたのは、東国から来る徳川方に備えるためである。しかしまた、伏見や宇治方面にも進撃する必要もあった。淀川沿いを固めて伏見や京都を奪回するためでもあった。その途上で片桐且元らの籠もる茨木城まで攻撃し、片桐兄弟を打ち果たすことまでが噂された。この戦略には、伏見から大坂城までの淀川水運および大坂湾の海上支配を強化する意図もあったが、このような戦略が想定されていたことからも、すでに伏見と大坂を拠点とする「首都圏」が形成されていたことを知ることができよう。大坂城を攻める徳川方からすれば、奈良から河内方面へ入るコースと、淀川沿いを南下するという二つのコースを進撃するしかない。大坂方が堺を攻撃するとともに、伏見を目指したのも、徳川方の進撃に対するためである。

十月十五日、片桐且元が板倉勝重へ書状を送って救援を求めたのも、このような大坂方の攻撃に対応するものである。同日、秀頼は島津氏と浅野氏へ使者を派遣したが、いずれも応ずることはなかった。大坂方からは以下の制札が出された（「大阪施福寺所蔵文書」）。

禁制　（黒印）　泉州　槇尾寺

一、当手軍勢甲乙人等、濫妨狼藉之事

一、放火之事、

一、山屋敷免許之地候間、竹木伐取事、堅令停止了、

右於違犯之輩者、速可処厳科候、万太閤如御朱印、執沙汰尤候也

慶長十九　十月廿二日

24―秀頼の施福寺観音堂再興の擬宝珠

このような秀頼禁制（制札）は、摂津名塩《なじお》（現西宮市）や河内平野郷（現大阪市平野区）にも同様に出されたが、これも大坂湾の支配だけではなく、大和方面から進撃する徳川方の軍勢に対する意味もあった。

なおここに掲げた禁制の末尾には、「これはすべて太閤の朱印状と同様に認識してもよい」との文言があり、やはり秀頼にも、秀吉政治の後継者であるとの自負があった。また、河内平野郷へ宛てた禁制の末尾に、

「右のことに違反する者があれば、即座に厳しく処罰する」とあり、その後には「百姓たち一人も立ち去らない村落もあります」との文言もある。すでに大坂城の周辺では、多くの農民が戦乱を避けて、逃散《ちょうさん》していたことも知られる。

伏見・京都の支配をめぐる戦い

その一方で、慶長十九年（一六一四）十月十一日、家康は駿府を発ち、途中鷹狩りを楽しんで、同月二十三日、京都の二条城へ入った。このような時、「十月二十一日、今日、大坂やその周辺の町を町人たちは焼き払った。（略）二十三日、今朝も同様である。大坂から山伏六十余りが京都へ送り込まれ、二条城近辺に放火を企てた。訴える者がいて、そのうち二〇人余りが逮捕された」（『当代記』慶長十九年十月二十一日条）とあり、あるいは「十月二十日、大坂から、金・銀で属託《そくたく》（報償を貰い味方になる人）を用いて、二条城周辺の民家に放火したと訴える多くの者があり、数人が逮捕された。このうち大坂町人は、金子五〇〇枚を取り、乞食の形をし、家康様が上洛途中を狙われ、その者は逮捕された」（『駿府記』慶長十九年十月二十日条）。

十月二十三日前後、大坂方は京都まで進撃し、市街を焼き払ったのである。とくに大坂町人らまで動員し、京都の町だけではなく、大坂城外の市街も焼き払ったともある。このような行為をするのは、大坂方の武将が戦闘をしやすくするために行った戦略とされるが、大坂方が京都方面まで出撃したというすばやい動きもみせた。しかも、京都に到着したばかりの家康を暗殺するという計画もあった。

なお大坂の首都機能を高めるためにも、伏見や京都を奪回する意味があった。このことは、かつて伏見・大坂城を拠点とする「首都圏」の確保を目指したことに通じるものである。実際、このような意図が大坂方になくても、大坂とともに、伏見や京都も抑えなければ畿内や周辺地域を掌握することはできない経済構造になっていたことは確かである（拙著『秀吉・家康政権の政治経済構造』）。

なおこの放火が大坂方によるものか否かは不明である。

十月二十五日になると、秀頼は近臣らと相談して、長宗我部盛親の担当する場所が広すぎるというので、北川宣勝《きたがわのぶかつ》をそこに加えた。

徳川方の動きと大坂方の迎撃

一方、徳川方の動きをみると、十月十一日、家康は駿府城を発ち、同月十七日、尾張の名古屋に到着し、その後「二十一、二十二日には伏見城へ到着する予定であった（「真田宝物館所蔵文書」）。このような家康の行動は、十月二十日、近江の柏原《かしわばら》（現米原市）へ到着し、翌日に佐和山《さわやま》（現彦根市）を経て、二十二日には近江の永原《ながはら》（現野洲《やす》市）へ到着した」（『駿府記』慶長十九年十月二十日条）こととも合致する。

さらに家康の近江入りを出迎えるように、すでに北陸の軍勢が近江に在陣し、駿河から上洛した諸大名の軍勢も、畿内各地に配された。伊達政宗や上杉景勝らの東北勢も、江戸に集結し、そこから秀忠らに同行したことも確認できる（「真田宝物館所蔵文書」）。

したがって家康は駿府を発ち、名古屋までは東海道を行軍したが、美濃の岐阜から関ヶ原を経由する東山道の経路を用いて、伏見まで赴いたことになる。このような徳川方の侵攻経路からも、当時の大坂城が伏見とも深く連携されており、京都や奈良とも深く関わっていたことが知られよう。秀吉による伏見・大坂を拠点とする「首都圏」の構想計画は、さらに継続・展開されていたのである。前述した大坂方による堺や京都攻撃も、このような従来からの大坂城をめぐる「首都圏」奪回の動きであったと考えることもできよう。駿河方面から上洛した徳川方の軍勢も、ほとんどが畿内に配置されたが、そのエリアも、大坂方の占拠した「外側」とみるべきであろう。

ちなみに伊達政宗・上杉景勝・佐竹義宣らの東国大名は、江戸城から出陣する秀忠の軍勢に供奉《ぐぶ》することになっていた。伊達政宗が江戸を発ったのは十月二十日であり、同月二十二日、相模の藤沢《ふじさわ》(現神奈川県藤沢市)に到着したとある。また秀忠が江戸を発つのは十月二十三日の予定で、政宗が近江の大津に到着するのは十一月五日ともある(「真田宝物館所蔵文書」)。東海道や中山道において、このような大規模な軍勢が、続々と畿内近国に配備されていった。

すでに自らの軍勢を率いて大坂方面にいた細川忠興は、その周辺の状況を駿府の本多正純へ報告したが、これに対し、徳川方は彼にそのまま大坂に止まるよう指示したのである(「真田宝物館所蔵文書」)。

このような時、大坂方は淀川の堤が数ヵ所破れているのを利用し、徳川方の進路を阻もうとしたが、すぐに徳川方はこれを修復した。

また大坂方が、狭田宮《さたのみや》（佐田宮、現大阪府守口市）を破壊しようとすると、徳川方がこれを反撃し、大坂方を退ける小競り合いが何度かあった。十一月四日、大坂方の薄田兼相《すすきだかねすけ》・山口弘定《やまぐちひろさだ》らは兵を率いて城南の平野《ひらの》へ出たが、翌日、徳川方の松平忠明・本多忠政らの軍勢が、飯盛《いいもり》（現大阪府四条畷《しじょうなわて》市）から来ると聞き、そのまま城内に戻ってきた。これに対し、大坂方では淀川堤の数ヵ所を切って、その付近に水を氾濫《はんらん》させ、山城の玉水《たまみず》（現京都府井手町）・天神森《てんじんもり》（現京都府向日市）などの要地に砦を設けようとする計画も持っていた。しかし十一月六日には、徳川方の藤堂高虎が大和を経て河内に入り、大和の諸大名も相次いで進軍してきたため、この計画は果たすことができなかった。

真田幸村・後藤又兵衛らの戦略

右記のような徳川方の軍備配置が行われる前から、真田幸村や後藤又兵衛は、すでに徳川方から先手を取る方策をたてていた。関東・北国の軍勢が京都に入る前に、秀頼が自ら旗を天王寺（現大阪市天王寺区）に立て、真田と毛利勝永が先鋒となり、軍勢を山崎《やまざき》（現京都府大山崎町）方面へ出し、一方の長宗我部盛親と後藤又兵衛らは大和路を攻め、残る軍勢で伏見城を陥れ、火を京都に放ち、宇治（現宇治市）や瀬田（現大津市）も占拠しようとするものである（「新東鑑」・「難波軍記」）。このように徳川方の軍勢をくい止めたうえで、畿内や中国・四国に号令をかければ、必ずや大坂方に参加する者が多いとの戦略である。

また後藤又兵衛も、「ここで是非とも望むことは、真田殿と私に二万の兵を与え、その軍勢を宇治や瀬多方面へ赴かせ、大和方面の守備は長宗我部と明石全登に任せ、茨木城（現茨木市）は七組頭の

一、二名に守備させ、さらに大津に毛利勝永殿並びに七組頭の一、二名を駐屯させ、大坂城内には自由に動ける遊軍を配して、状況に応じてその現場に赴くようにする」(「新東鑑」・「難波軍記」)との見解を出した。このような戦略があったのか否かそれほど信頼性の高いものではないが、当初から大坂方が籠城戦を選択していたわけではなかったことは確認できよう。しかも実際に当初は堺(現堺市)や尼崎を占拠し、あるいは大和方面から京都を占拠し、家康らを迎え撃ったことからも、このことは理解できよう。

その後も、大坂方には、真田幸村らの主張する迎撃戦という戦法もあった。これは大坂城の西側が海で、東側と北側には河川があって、自然に敵を阻む地理的条件に恵まれていたが、ただ南側だけは平地のまま城に続いていたという、大坂城の地形的な条件に由来するものである。これまでにも何度も言及されてきた見解である。これらに従うと、秀吉の段階からも、空堀《からぼり》を掘って外敵に備えていたようで、真田幸村が、三の丸の南方に砦を築いたのもそのためである。三の丸の南面には、松屋町口(西)・谷町口(中)・八丁目口(東)の三つの門があり、八丁目口の東に砦を築いたのが著名な真田丸である。この真田丸へ出撃して、ここで戦うことを真田幸村らは主張したのである。

しかし真田幸村らの戦略は無視されてしまう。十一月十八日付で、秀頼自身も島津義弘《よしひろ》に対し、「織田有楽斎と大野治長の主張で籠城戦となったが、秀吉様以来の恩義を忘れず、我らの方に参陣して欲しい」（『薩藩旧記雑録後編』）と述べており、籠城戦を選択したのは織田有楽斎と大野治長であった。同日、島津氏へ宛てた織田有楽斎の書状でも、籠城することを前提とし、島津氏に参陣を求めた。さらに「こちらの大坂方では、すぐにも矢・兵粮・玉薬の準備は、大丈夫にするよう命じたので、軍勢の数量やその他は豊富である。五、六万人程度の備蓄は充分である」（『薩藩旧記雑録後編』）ともある。大坂方としては、島津氏に参陣を乞うことだけではなく、籠城のための軍勢や物資も十分であると述べており、この段階では、すでに籠城戦が選択されていたことになる。

無視される真田幸村・後藤又兵衛らの戦略

徳川方が最もこだわったのは牢人衆の存在であったが、これに対する大坂方は、その存在を自らの戦力の一部程度にしか考えておらず、彼らの戦術には期待していなかったようである。まさに「諸牢人のよき武士多く籠り候。兵粮・矢種に不足なし。城は堅固の名城也。容易に攻落しがたかるべし」（「兵粮・軍備には不足はない。しかも堅固な名城である。そう簡単に攻略されることない。」）と評されたが、大坂方は、当初から長期戦になるであろうことを予想していた。大野治長らの首脳からすれば、秀吉政治以来の「首都」（すでに大坂のみであるが）を支配している自負もあり、現実に適した戦略よりも、大坂の有する経済的な優位さを過信していた可能性が高いのである。それでは、軍勢や物資の補給のカギとなる大坂城周辺の支配は充分であったのであろうか。

2 鴫野・今福の戦いと野田・福島の戦い

二つの徳川方の動き

前述のように大坂方の堺攻撃から冬の陣は始まった。さらに大坂方は、伏見や京都方面にも進撃し、家康の暗殺まで計画したのであった。

一方の徳川方は、十月十九日、本多忠政（伊勢桑名城主）が伊勢の軍勢を率いて、京都を経て、淀川沿いの枚方《ひらかた》（現枚方市）へ侵攻した。松平忠明（伊勢亀山城主）は美濃の軍勢を率いて、同じく淀に駐屯した。このように本多忠政と松平忠明は、伊勢および美濃の中小大名を率いて、徳川方の先鋒隊となり、京都や伏見を経由し、淀川沿いを進撃した。

その他、徳川方には藤堂高虎のように奈良方面から河内へ入り、大坂城を包囲しようとする軍勢もあった。十月十九日、藤堂高虎は山城木津《やましろきづ》（現京都府木津川市）に到着し、同月二十三日、家康が京都二条城に到着すると、二十六日に藤堂高虎は大和から河内へ入った。ここで藤堂は、大和国内の諸大名の軍勢が集結するのを待ったが、二十八日、これらの軍勢を率いて、藤堂らの軍勢は河内の道明《どうみょう》寺《じ》近所の「小山」という地（小松山、現柏原市の玉手山）に宿泊し、翌二十九日、和泉の大仙《だいせん》古墳（伝仁徳《にんとく》天皇陵、現堺市）に駐屯した。

こうして徳川方の藤堂高虎らの軍勢は、山城の木津から大和へ入り、奈良周辺で集結してから、河内の道明寺付近を経て、大坂城の南方にあたる堺や天王寺方面で陣を構えたのである。

これに対して淀周辺に集結していた一方の徳川方の軍勢の動きであるが、十一月三日、美濃の軍勢を率いた松平忠明は、家康の指示を受けながら、翌四日に石川忠総（美濃大垣城主）・徳永昌重《とくながまさしげ》（美濃高須城主）らとともに平野（現大阪市平野区）へ進んだ。これらの軍勢が、伏見から出撃した将軍秀忠とともに、淀から高野街道を南下し、河内国へ入ったようである。同日、すでに徳川方に加わっていた片桐且元は、大坂城図を家康に提出しており、徳川方は、大坂城を包囲する軍議を開始した。十一月六日、家康は天王寺に放火することを命じ、茶臼山と岡山の間を破り、連絡路を開かせた。

藤堂高虎勢と合流する紀伊の浅野勢

まさにこのような十一月十一日、浅野長晟（紀伊和歌山城主）は、鈴木《すずき》伊直《これなお》・山代忠久《やましろただひさ》ら七名の家康奉行人からの書状で、明日十二日に天王寺まで出撃し、そこでは藤堂高虎の指揮で決められた陣取りをすることを命じられた（『済美《せいび》録《ろく》』）。紀伊から和泉の大鳥《おおとり》（現堺市）へ到着した浅野勢もあったが、彼らは大仙古墳あたりで藤堂高虎と合流し、そのまま天王寺方面へ向かったのである。浅野長晟に家康の命令を報じた鈴木ら七名は、家康方の御使番であり、徳川方の軍目付《いくさめつけ》（軍監）として、藤堂ら先鋒諸将に付けられた。鈴木らは、諸大名の軍勢に家康の命令を伝達する存在であった。本多正純らが発給した家康禁制も、彼らによって徹底されていた。

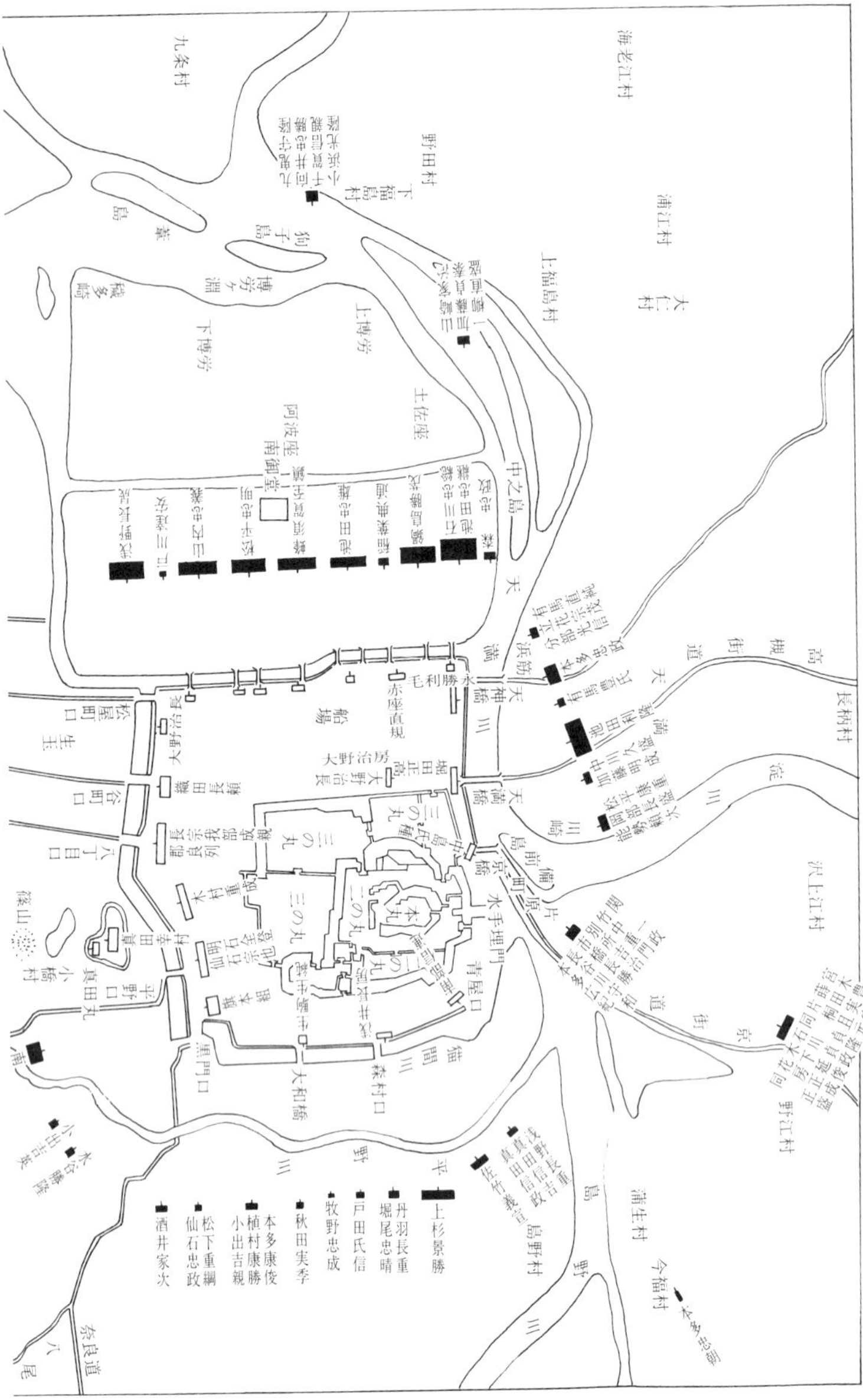

九条村
海老江村
野田村
下福島村
上福島村
浦江村
大仁村
博労ヶ淵
穢多崎
下博労
上博労
土佐座
阿波座
中之島
天満
天神橋
天満橋
船場
京橋
片原町
備前島
長柄村
淀川
沢上江村
野江村
蒲生村
今福村
鴫野村
大和橋
森村口
猫間川
青屋口
黒門口
真田丸
平野口
小橋村
篠山
八丁目口
谷町口
生玉
松屋町口
毛利勝永
赤座直規
大野治房
大野治長
三の丸
二の丸
本丸
上杉景勝
丹羽長重
堀尾忠晴
戸田氏信
牧野忠成
秋田実季
本多康俊
植村康勝
小出吉親
松下重綱
仙石忠政
酒井家次
佐竹義宣
奈良道
京街道

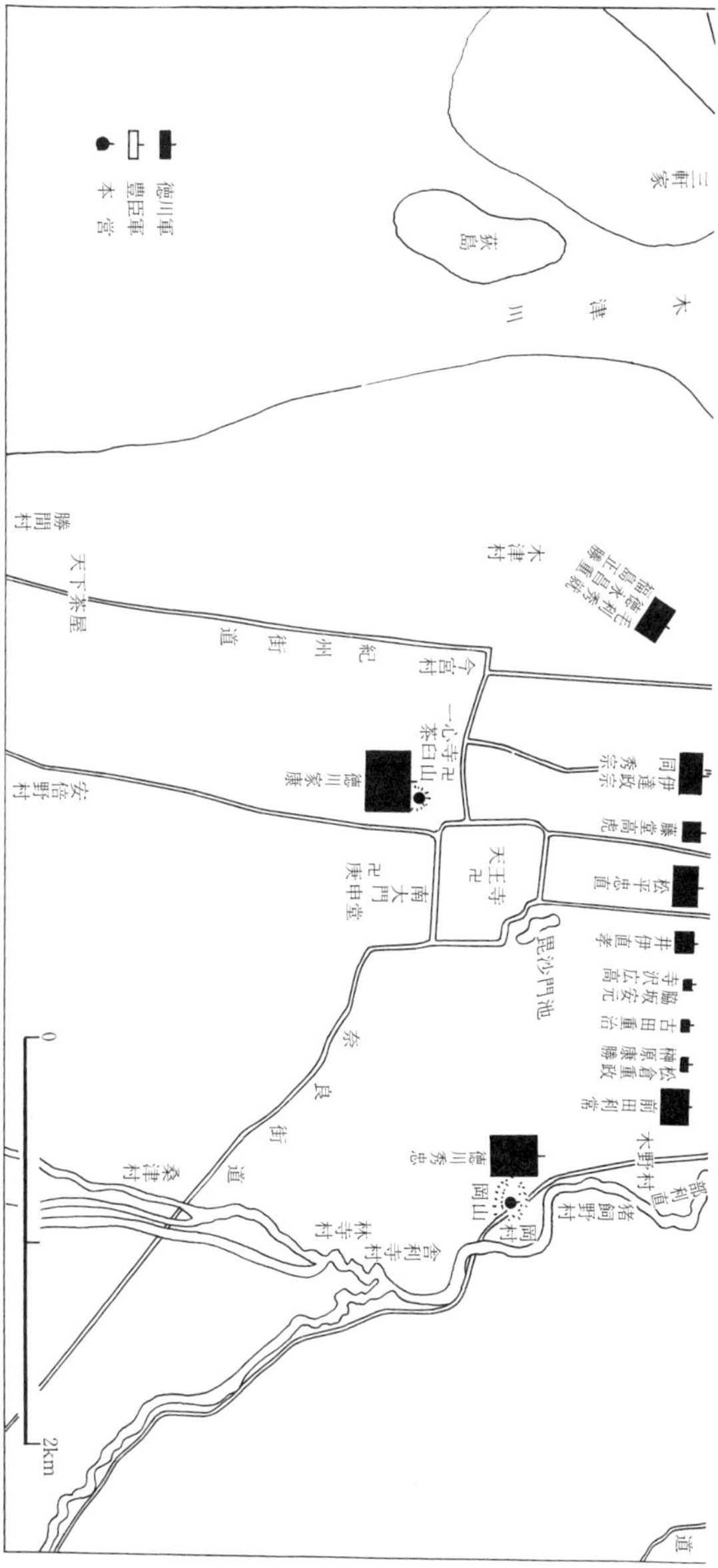

25——大坂冬の陣両軍配陣図

十一月十三日、家康は、この日を期して、戦闘配置につくことを全軍に命じた。なお家康が京都の二条城を出発したのは、同月十五日であり、山城木津を経由して奈良方面へ進撃した。その後、法隆寺《ほうりゅうじ》（現奈良県斑鳩町《いかるが》）や住吉《すみよし》（現大阪市住吉区）を経て、同月十八日、天王寺（現大阪市天王寺区）に至った。同じく伏見城からの秀忠も、同月十五日に伏見を発ち、枚方を経由し、天王寺へ向かった。淀川沿いのコースを進撃し、家康よりも早く天王寺へ入り、そこで家康と合流したのである。

大坂方による上杉景勝勢の撃退

十一月十九日、鴫野《しぎの》・今福《いまふく》方面（現大阪市城東区）では、両軍による冬の陣で最大の激戦があった。

すぐには大坂方の籠城戦にはならず、徳川方の佐竹義宣・上杉景勝に対し、大坂方の木村重成・後藤又兵衛らが挑んだ戦いである。鴫野や今福は、大坂城から東北へ二キロと近接する地である。当時は大和川が流れており、川の北が今福で、南が鴫野であった。今福には堤があり、大坂方は堤を三ヵ所切断して、柵を四重に設けて守備していた。

ここを守備したのは大野治長の軍勢であり、まず徳川方の上杉と佐竹の両隊がここへ突撃した。現在の若宮八幡宮の境内には、「佐竹義宣陣所址」との碑文があり、その付近にあるJR鴫野駅の東側の城東小学校の東門には「鴫野古戦場」の石碑も建っている。現在の鴫野駅辺りが激戦の地になったのであろうか。

十一月二十六日の未明、今福の地を佐竹勢が攻め、鴫野には上杉隊が攻撃したが、これに対したのが大坂方の木村重成である。このあたりの経過は、後藤又兵衛配下の『長沢聞書』によると、卯《う》の刻（午前六時頃）、今福（今切）の大野治長勢の五〇騎が張番《はりばん》をする場所に対し、森口にいた佐竹義宣勢が襲撃したことから、この戦いが開始された。

この戦いが開始されたという報告を受けて、大坂城の後藤又兵衛は、大野治長・木村重成に京口橋（京橋口）へ派兵するよう要請し、自分の配下である山田・長沢・片山ら組中の全軍勢を率いて、佐

26── 現在の鴫野・今福

27── 佐竹陣所（若宮八幡宮）

28── 鴫野古戦場の碑文（城東小学校）

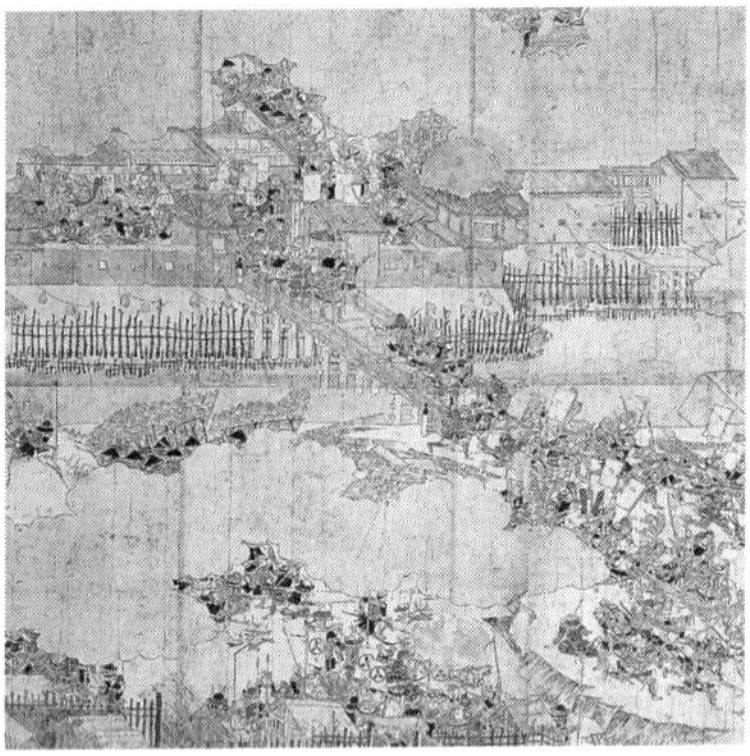

29── 塙団右衛門の夜討ち（『大坂冬の陣図屏風』）

竹勢へ攻撃を仕掛けた。そして後藤又兵衛は、上杉景勝の「後切り」（次々と攻撃すること）を予測し、上杉勢がそのようにした際には、大野治長へ鉄炮三〇〇挺ほどの防御と、「後切り」を防ぐよう指示した。そして「案之通、（上杉）景勝殿、横合に押懸、跡《（途）》を切らんと被致候處を、修理（大野治長）横堤より掛立、すきまもなく、鉄炮打掛る故、後切不叶、引取被成候」（『長沢聞書』）とあり、見事に後藤の予想した通りとなり、上杉勢を撃退することができた。

後藤又兵衛や木村重成の活躍

さらにこの戦いでは、後藤又兵衛組の仙石喜四郎が一番槍となり、残る者も我先へと戦闘に突入した。また佐竹勢である渋谷内膳の首は、木村重成勢の者が取ったともある（「大坂御陣覚書」）。

大坂城内の玉造口・青屋口・京橋口にいた大坂勢は、このようにして今福・鴫野の地へ殺到した。この戦いは、同日の「卯之下刻（午前六時）から午之下刻（午後一時）」まで続いたことが記されており、「後藤又兵衛勢は百余り、木村勢が五十余り、外記・七右衛門・助兵衛勢が三十余りの首を取り、大坂城の桜馬場に並べ置いた。その時、高名な武将たちは城内の千畳敷に招かれ、秀頼様から流れ判金五枚、三枚を褒美として下賜されたあるいは羽織をいただいた」（『長沢聞書』）とも記され、大坂方は、合計百八十余りの首を取り、それを大坂城の桜の馬場に晒し、同城内の千畳敷において秀頼から褒美を賜ることができたのである。

徳川方の佐竹隊らが、攻撃拠点を城東の今福方面に築こうとしたことから開始された戦いであったが、大坂方がこれを見事に防いだことになろう。この地は、淀川と大和川が合流する地点であり、すぐにも大坂湾へと続く要衝の地であり、徳川方による攻撃も、まずは大坂湾の物流拠点を掌握する狙いがあったと思われる。大坂方の木村重成・後藤又兵衛隊と徳川方の佐竹義宣・上杉景勝隊の間では、激しい戦いが繰り返された。冬の陣で最も激戦とされるものである。

いずれも大坂方側の文献であり、やや誇張された表現であろうが、それによると、「木村重成は、この当時二三歳でまだ軍法に慣れていなかったが、生まれついての勇者であるため、よく戦況を判断して、自らが鑓《やり》を取って率先して進撃した。そのため続く自軍の兵士を奮い立たせることができ、敵味方が入り交じってしばらく戦った後、佐竹勢の兵数十人が討ち取られた」（『長沢聞書』）とある。この戦いでは、初陣の木村重成の活躍が目立ち、大坂方の士気を大いに鼓舞するものとなった。

ただし徳川方の記録にも、「（慶長十九年）十一月二十六日の未刻、木村重成と後藤又兵衛が大将となって、城内から三千余騎の軍勢が攻撃してきた。そのため佐竹勢の渋江内膳は討死し、その他二四騎も、この合戦によって討ち死にし、佐竹義宣の軍勢は敗北してしまった。そこで大将の義宣は、長太刀を取り出し、自らが真先に進撃したので、なんとか敵方を敗北させることができた。しかしその際、上杉景勝が脇から加勢し、杉原常陸介も進撃したので、城内の兵である穴沢をはじめ、優秀な将兵一五、六騎が討死したとのことである」（『駿府記』慶長十九年十一月二十六日条）とある。徳川方だけではなく、大坂方も多くの死傷者を出したが、たしかに木村重成らの活躍があったことは事実であろう。

木津川河口をめぐる戦い

このように大坂方の奮戦があり、徳川方が敗戦する場面もあったのである。圧倒的な戦力を有する徳川方だけに、このような場面の敗北が、彼らに与えたダメージも大きいはずである。それよりもこの戦いが、物流拠点の地をめぐるものでもあったことが、十一月十九日未明、家康の命令を受けた蜂須賀《はちすか》・浅野氏らの軍勢が、奇襲をもって穢多崎《えたがさき》の砦を攻撃したことでも知られる。同地は、大坂方の軍事上の拠点である木津川口の砦であった。

この戦いについては、十一月十九日、千賀《せんが》孫兵衛《まごべえ》（重親《しげちか》）が森甚五兵衛《もりじんごべえ》に宛てた書状が詳しい（「森文書」）。宛所の森甚五兵衛とは、蜂須賀至鎮《よししげ》（阿波徳島城主）の重臣であるが、これによると、徳川の水軍大将である千賀重親は、使者として蜂須賀の陣所へ赴き、さらに木津口の水上封鎖を視察して、これを秀忠へ報告し、蜂須賀氏から船舶を借用して伝法口《でんぽうくち》（千賀・向井などが布陣）に出向した使者の送還を急ぐよう指示した。徳川方は、秀忠の指揮下、蜂須賀氏などから船舶を供出させ、大坂方との戦闘に臨んだのである。

さらに十一月二十二日、家康方の奉行人である佐久間政実《まさざね》と山代忠久《やましろただひさ》が連署し山内忠義へ宛てた書状にも、徳川方は山内らの大名にも、木津川河口に砦を修築することや出撃することを命じた（「山内家手許文書」）。同月二十九日にも、徳川方の石川忠総らが、薄田兼相が不在中の博労ヶ淵の砦（現大阪市西区）を奇襲によって陥れた。

徳川方からすれば、木津川口に砦を修築し、そこを確保することによって、大坂城と大坂湾を結ぶ水上補給路を掌握しようとしたのである。冬の陣で最も激戦とされる今福・鴫野の戦いは、木村重成によって、ほとんど大坂方の勝利のようになったが、実はこのような物流拠点をめぐる戦いもあり、そこでの大坂方は敗戦に追い込まれていた。このような戦況となっては、しだいに籠城戦へ追い込まれるしかなかったのである。

博労ヶ淵の戦い

慶長十九年（一六一四）十一月二十九日、大坂方と徳川方の間で大きな戦いがあった。大坂湾に面した木津川河口の野田《のだ》・福島《ふくしま》の地をめぐるものであり、これを野田・福島の戦いと称する。この地を守備したのは、大坂方の薄田兼相と大野治胤である。一方の徳川方は、浅野長晟・蜂須賀至鎮・池田忠雄《ただかつ》（淡路洲本《すもと》城主）・石川忠総らの軍勢が同地を攻撃した。

十一月二十九日の朝、大坂方は、徳川方に軍船だけではなく、その他数知れないほどの小舟も拿捕《だほ》されたので、すべての舟を捨てて天満《てんま》方面へ逃げたとされる。さらに博労ヶ淵には徳川方の浅野長晟が陣を置き、大坂城には、家康の側近である成瀬正成が使者として送られ、同じく家康の側近である安藤直次によって、野田・福島の一帯には、徳川方の軍法が伝えられた（『駿府記』慶長十九年十一月

30―現在の西区役所周辺（かつての福島）

31―現在の木津川（伯楽橋付近）

二十九日条)。
さらに夜になると、現地から戻って来た安藤直次によって、野田・福島および博労ヶ淵周辺の様子が報告された。大坂方は、徳川方の先手勢すべてが鉄炮を用いて突撃してきたので総崩れになったようであり、とくに徳川方の石川忠総は鉄炮の競り合いをしながら進撃し、九鬼守隆《くきもりたか》なども横から福島に入り、大坂方の軍船を捕えたようである。まさに徳川方の大勝利で、とくに蜂須賀氏や池田忠雄の重臣などは、大坂方から多く首を取ることができ、各自、功名を残すだけではなく、多くの黄金や御服を拝領したことが伝えられた(『駿府記』慶長十九年十一月二十九日条)。すなわち十一月二十九日、伝法口に布陣する徳川方の水軍である向井や千賀らに、水軍拠点であった野田・福島を攻撃された大坂方は、ほとんどの番船(安宅船《あたけぶね》、軍船)と小船が奪われてしまったのである。

このような状況は、十一月二十九日、秀忠方の本多正信・酒井忠世・安藤重信・土井利勝によって、九鬼守隆・向井忠勝・小浜光隆《おはまみつたか》・千賀信親・千賀勝次郎・小浜弥十朗らに指令として出された連署状が伝える。これにも卯の刻(午前六時頃)に福島の地が攻略されたことや、取った大坂方の首や生捕りした人数、あるいは功名をあげた者に褒美が与えられたことなども記されていた(『譜牒余録』)。まさに『駿府記』の記述通りである。

これについては、「十一月二十九日の夜、徳川方の石川忠総や向井忠勝らは、堤の陰に潜んで、時間が経過するのを待っていたが、足下が暗くて雨も降ってきたので、とりあえず三人を生け捕りし、首を七つ持ち帰った。兵船や番船が数多く有り、そこで生け捕りした者、誰の担当箇所かと尋問すると、大野治胤であると答えた。この石川忠総は、父親の大久保忠隣父が家康の勘気を蒙った罪を、今回の戦いで何とか挽回したいと思って参陣し、あえて先陣を命じられたことを有り難く感じている」（『豊内記』巻上）ともある。

この石川忠総とは、秀忠の側近である大久保忠隣の実子であるが、権勢を誇った大久保忠隣は、この年の正月に失脚していた。したがって石川忠総は、まさに一族の名誉回復のため死を賭して、この戦闘に臨んだことになる。こうした徳川方の石川忠総らの奮戦もあり、大坂方は大切な番船を奪われてしまったのである。

穢多崎と博労ヶ淵を守備する大坂方

このような徳川方の攻撃に対する大坂方の動きは、長文の記録がある。これによると、大坂方は、まず大坂城に籠城する前、船場（現大阪市中央区）方面の城下外に、三万人余りの軍勢を配した。さらに大坂城への物流拠点である船場の地を守備するため、博労ヶ淵と穢多崎（現大阪市福島区・西区）に砦を築いた。同地は川のなかにあり、四方は川で囲まれ、道も一筋あるだけなので、船場を守備するためには絶好の場所であった。この両砦には、薄田兼相と大野治胤の軍勢の一万余りを駐屯させたが、治胤は、金田（不明）の船で海方面から攻め込まれて、この砦を奪われた。その後も、徳川方の攻め込む人数が多くなり、少人数で両砦を守備することは困難となり、治胤と薄田の軍勢は砦を退いた（『大坂陣山口休庵咄』）。

大坂方の薄田や大野治胤の軍勢が両砦にいる際、徳川方は蜂須賀至鎮の軍勢を博労ヶ淵砦へ赴かせ、蜂須賀家臣の中村右近《なかむらうこん》が勝利したので、一番に川へ飛び込んで渡ろうとした。しかし川が深く、立つこともできず、甲を脱ぎ捨て、鑓を遣って何とか塀ぎわまでたどりついた。こうして蜂須賀の軍勢はひたひたと川を渡り、そのまま両砦を奪取し、砦にいた者の首を五つ六つ切り取ったともある（『大坂陣山口休庵咄』）。これらも先述の『駿府記』の記載通りである。

十一月十九日、蜂須賀至鎮らの軍勢によって穢多崎砦が占拠され、博労ヶ淵砦も攻撃された。これに対し、大坂方の守備兵も軍船や小船で応酬したが、あえなく徳川方の水軍に敗れたのである。なお現在の大阪市西区役所付近を流れる木津川には、「博労橋」なる名称の橋が架かっている。このあたりでかつて両陣営の激しい戦闘が行われたのであろうか。遠景に大阪ドームを臨める場所でもあり、対岸の地には福島城址とされる碑文も残っている。

大坂城に迫る徳川方の軍勢

同じ十一月二十九日、徳川方の池田忠雄（蜂須賀至鎮の聟）は、野田（現大阪市福島区）を落として上福島（現大阪市福島区）に入り、九鬼守隆も竜池（現大阪市福島区）を抜いて、下福島（現大阪市福島区）を取った。また池田忠雄は、土佐座《とさざ》（現大阪市西区）を取り、蜂須賀は阿波座《あわざ》（現大阪市西区）を落とし、さらに浅野らの軍勢とともに船場へ陣を進めていった。

なお十一月晦日、午の上刻（午前十一時）、家康の家臣である山岡景以《やまおかかげもち》から山内忠義へ出された書状によると、土佐の山内勢が船場へ陣替えさせられるとの指示が、家康の側近である本多正純から山岡を経由して出され、山内氏はこの指示に従ったようである。このような家康から各大名に出される指示は、まずは本多正純や安藤直次から内密に出され、さらに山岡のような家臣を経て、諸大名に出されていた（「山内家手許文書」）。徳川方の記録によると、十一月二十九日、大坂方は船場の西にある要衝の地である博労ヶ淵、あるいは中津川と天満川の間に位置する野田・福島を攻め込まれた。しかもそこで大坂方は、自ら船場や天満方面に火を放ちながら、城内へ退いた（『駿府記』慶長十九年十一月二十九日条）。

このようななかにおいて、先述したように、徳川方の軍奉行（先手鉄炮頭）である山岡は、山内氏に対して、家康側近の本多正純や安藤直次から正式な陣替えの命令が下る前に、彼らの意向を伝達したのである。徳川氏から諸大名へ指示する時、本来、将軍秀忠の名で指示すべきであろうが、戦況の変化に応じて即座に出さなければならない場合は、このような形態をもって、家康から諸大名に伝達されていた。その意味でも、船場をめぐる攻防戦は重要な戦いであった。

橙武者薄田兼相

このような徳川方の襲撃を聞きつけたのが、大坂方の薄田兼相であった。彼は「身長が高く、体格もたくましく、力強く、相撲好きであった。しかも喧嘩が好きで、武芸の方もよくこなし、さらには秀頼様にもしものことがあれば、自分以上の者はいないと日頃から広言していた」（『豊内記』）との人物であった。しかしこの日、彼が急ぎ船場に駆け付けた時にはすでに遅く、部下を討ち死にさせて、すごすごと大坂城に引き返す有様であった。

この時の行為をめぐり、彼は、「伯楽が淵に身を投げよかし、すすきたなくも逃げて来んより」との狂歌を詠まれてしまう。また遅参したことについても、「その夜は遊女と語らい、町場にいて酒を飲んで、夜が明けるのも知らずに寝てしまった。その間に大事な守備地を突破されて、世間の評判を失ってしまった（『豊内記』巻上）とも記される。たとえ秀頼を支える勇者として著名な薄田であっても、この敗戦によって、彼は「橙《だいだい》武者」と蔑《さげす》まれることとなってしまった。なお橙武者とは、「橙は形が大きく、香《かぐわ》しい果物の内でも、とくに香りもよく、色も良いものであるが、正月の飾り以外、何の役にも立たない」（『大坂陣山口休庵咄』）とのたとえである。武士としては、このような異名を付けられたことは、屈辱以外の何物でもない。

この敗戦は、大坂方にとって、それだけ致命的であったのではなかろうか。このような逸話が残る著名な戦いによって、ともかくも大坂方は、野田・福島の地を失ったのである。この結果、大坂方は、大坂湾の拠点である天満・船場をも放棄せざる得なくなり、これまでの大坂湾の海上支配も、きわめて危ういものとなった。

大坂城を包囲される

大坂方は、大坂湾の海上支配の拠点を失ったばかりではなかった。慶長十九年（一六一四）十二月十二日付本多正純宛ての黒田長政・加藤嘉明《かとうよしあき》・福島正則連署状によると、徳川方の軍勢が大坂方面（野田・福島の地）をいち早く攻略したことを喜び、とくに数多くの大坂方の軍船などを拿捕したことの処置も評価した。あるいは大坂方から派遣された者を生け捕り、その指を切って大坂城へ追い返したことも記されている。そして最後には「まだ城内は落城していません。めでたく帰陣する時であり、ひたすら家康様のご指示をお待ちしております」（「林原美術館所蔵文書」「備前池田家文書」）と締めくくった。

これは家康の側近本多正純が、十二月朔日付で福島・加藤・黒田らの大名に出した書状の返書である。本多正純から出された書状とは、諸大名に大坂城をめぐる戦況を報じたものであろう。この内容も『駿府記』や『家忠日記』の記事と、ほぼ一致するものである。その内容もきわめて著名なものであるが、十一月二十五日、一人の男が浅野氏の陣営に潜入するのを徳川方の兵が捕まえ、家康がその男を尋問すると、「浅野氏や藤堂氏は、太閤の旧恩を忘れておらず、そのため両人とも大坂方に内通している。その証拠にこうして手紙のやり取りをしている」と述べたとされるものである。たしかにこの男は秀頼から浅野氏への書状を有しており、その日付も「十一月二十一日付」であったようである。これに対して大坂方の策略であるとした家康が、「この者の手足の指を全部切り、額に『秀頼』の文字を烙印して、城中へ送り返して、以後はこのようなことがないようみせしめとせよ」と命じた。

藤堂高虎の裏切りは本当か

同じ慶長十九年（一六一四）十一月二十一日、藤堂高虎へ宛てた秀頼の書状がある。これは、徳川方の藤堂高虎が、実は当初から秀頼と内通しており、たとえ徳川方の軍勢が大坂城を包囲するようになっても、それはこの地に家康・秀忠を誘い出す作戦であったというものである（『宗国史』）。

この秀頼の書状は、古くからその存在が知られるものであるが、即座に信用できる内容でもない。前述したように、大坂城周辺の局地戦に敗北し、徳川方に大坂城を包囲されるようになり、大坂方は、しだいに籠城戦へ追い込まれたと考えられる。大坂方の籠城戦を正当化するために、このような秀頼の書状が作成されたものではなかろうか。もしこのような秀頼の書状を作成しようと大坂方が意識したならば、当時の戦況をけっして不利なものとみていないことになろう。

しかし徳川方が拿捕したとされる安宅船や盲船については、十一月十九日（「森文書」）と二十九日（『旧記』『豊内記』）でも、九鬼・向井・小浜・千賀らの徳川水軍が、野田・福島・新家《しんけ》（現大阪市福島区）の間において、秀頼の御座船をはじめ大坂方の大小の船を乗っ取っており、さらに佐竹氏の奮迅ぶり、あるいは後藤又兵衛の事績など、いずれも確認できる「事実」であったようである。

3 真田丸をめぐる戦いと講和交渉

真田丸の攻防と寝返り

家康は、自らの本陣を住吉から茶臼山《ちゃうすやま》（現大阪市天王寺区）に移動することを考えた。慶長十九年（一六一四）十二月朔日の秀忠奉行人の連署状によると、秀忠の側近らも、家康の動静をしっかり把握しようとした。十二月二日、「家康は茶臼山に移り、さらに明後日の四日、陣所を移動するとのことである。すぐにここからただ一人で大坂城の方へ赴き、敵方の様子を伺った。平野から秀忠様を呼んで、互いに出合った。本多正信・正純、成瀬正成、安藤直次を同行させ、その他のメンバーは同行させなかった」（『駿府記』慶長十九年十二月二日条）とある。

こうして家康と秀忠は、早朝から兵を進めて本営を移し、本多正信らの側近のみが帯同した。大坂城を一望するための措置であった。

ところで「真田丸」をめぐる戦いではあるが、十二月四日に「井伊直孝《いいなおたか》の軍勢が大坂方の城壁を突破した。敵方の多くは退いたが、この時の軍勢は数百騎であった」（『駿府記』慶長十九年十二月四日条）とある。十二月四日、まず井伊の軍勢が大坂城へ迫り、そのうえで前田利常と井伊直孝らの軍勢が「真田丸」を攻撃した。一方の大坂方は、木村重成が八〇〇〇の兵を率い、その備えを固めるなど、果敢に応戦した。その結果、井伊と前田の軍勢からなる徳川方は、全く勝機がないまま、撤退する他はなかった。こうして徳川方は、大量の戦傷者を出すばかりであり、ここに真田幸村の勇名が轟いた。これが真田丸の戦いである。

このような著名な戦いの舞台となった「真田丸」であるが、文献によると、「玉造口門の南、東八丁目の門の東に一段と高い畑があったが、これを三方に空堀を掘り、塀の向こうと、空堀の中と、堀際に、柵を三重に付け、所々に矢倉・井楼《せいろう》を上げ、塀の腕木《うでぎ》の通りに、幅七尺の武者走り（通路）を作り、真田父子の軍勢六〇〇〇人ほどで守備をした」（『大坂陣山口休庵咄』）とある。

このように「真田丸」とは、大坂城の惣構（城下町を区切る外堀の内部のこと）の東南隅に配されて、惣構から突出して築かれた砦である。現在の明星学園がある場所の周辺には、付近には真田幸村の像がある三光《さんこう》神社もあり、境内には「真田の抜け穴」なるものもある。真田山墓地に隣接した地である。

大坂方の大勝利

この「真田丸」の前では、徳川方の前田利常、井伊直孝、松平忠直《ただなお》（家康の孫、越前福井城主）らが陣を構えていたが、この状況を記録した大坂方の武士によると、十二月四日の深夜、「まず井伊直孝の兵が真田丸へ突撃し、それに松平忠直の兵も続いた。翌朝になっても、霧は深く、しばらくはこれらの軍勢を大坂方はみつけることができなかった。そこで赤い幟《のぼり》を立てた二、三百の兵（井伊隊）が真田丸の柵を切り倒し、塀ぎわに近寄った。ところが城内から鉄炮でつるべ撃ちをしてきたので、井伊隊やその後続部隊は堀際へ出ることもできず、たとえ塀へたどりついた兵も、一人残らず討ち取られてしまった」（『大坂陣山口休庵咄』）とある。まさに大坂方の大勝利であった。

さらには「二百人余りの軍勢で真田丸へ突撃した松平忠直隊に対し、木村重成は先陣で打ち負かし、一人も残さず討ち取った。さて大坂方はさまざまな場所から柵へ駆け寄った者をつるべ撃ちしたので、松平忠直隊は堀ぎわから二、三町ほどの距離に退いたので、堀内へ入る者があったが、城内には入ることができなかった。さらに彼らは後方にも退くことができず、堀の中で東西に掛け廻るだけとなり、鉄炮あるいは石で残らず撃ち殺されてしまった」（『大坂陣山口休庵咄』）ともあり、徳川方はなすすべもなく敗退した。

「大坂冬の陣図屛風」にも描かれた様子の通りである。この作戦を考案した真田幸村は、まさに「楠木正成」以来のヒーローであった。

なおこの方面には、真田幸村の他、南条忠成《なんじょうただなり》・郡良列《こおりよしつら》・中島氏種《なかじまうじたね》・長宗我部《ちょうそかべ》盛親《もりちか》・内藤忠豊《ないとうただとよ》なども配された。しかしこのうち南条は徳川方へ寝返り、それが発覚して逮捕されたが自殺した。一方の徳川方では、浅野氏や小出氏らが大坂方と内応しているらしいとの情報も流れ、陣所を変えられる事態

32――真田丸の攻防（『大坂冬の陣図屛風』）

33――真田の抜け穴（三光神社境内）

となった。なお江戸では、徳川方が「負け戦」になっているとの噂まで流れるほどの激戦であった。大坂方の敗戦ばかりではなく、大坂城を包囲されても、すぐさま窮地に陥ることはない戦況となった。

なぜ講和交渉へ動いたのか

しかし戦況にかかわらず、大坂方では、早くも講和交渉に動く人物がいた。その人物とは、織田有楽斎であるが、彼がいくら説得しても、肝心の秀頼は講和に応じることがなかったとする記録がある（『大坂御陣覚書』）。秀頼の態度に対しては、これまで時局の読めない秀頼の「無能な判断」との見解もあるが、このような評価でよいのであろうか。徳川方に近い織田有楽斎から講和を説得されても、すでに大坂方は交戦する他はなく、その戦況もまったく不利な状況ではなかった。前述した真田丸の攻防をみれば明らかであり、講和交渉に動いたのは徳川方と考えるべきである。徳川方に通じた織田有楽斎だからこそ、秀頼に講和交渉を勧めたのである。少なくとも十二月初旬の戦況では、大坂方が講和に応じる戦況ではなかった。

それでは大坂方は、なぜ講和の方向へ動いたのであろうか。織田有楽斎が徳川方に内通していただけではなさそうであり、この辺りは謎という他はない。籠城する側からすれば、当初から長期戦となることは避ける傾向がある。いわゆる兵粮攻めにされる危険性もあるからである。つまり籠城戦をとる際、相手方との講和時期が必要となり、戦況をよく分析しながら、自らのペースをもってその時期を見極めなければならないのである。このあたりの時期の読み違いであろうか。

しかしともかく大坂方にも、徳川方の推し進める講和の機運がみなぎり、十二月十八日と十九日の両日、両陣営の和平会議は、徳川方に属する京極忠高《きょうごくただたか》の陣営を会場として、大坂方は常高院（初、淀殿の妹）が使者となり、徳川方からは本多正純と阿茶局《あちゃのつぼね》（家康の側室）の使者で行われた。

講和内容

さて肝心の講和内容であるが、その内容は必ずしも一致していないが、①城内に籠城している牢人衆を処罰しない、②秀頼の知行は、これまでと同じとする、③淀殿を、江戸で人質とすることはない、④もし大坂城を明け渡すのであれば、どこの国でも国替えをしてもよい、⑤秀頼に対していささかも不信なことはしないとの五点である（『大坂冬陣記』）。④の内容は気になるが、その他は現状維持であり、明らかに講和休戦の内容である。大坂城を攻めきれなかった家康は、まずは一息ついて徳川方の諸大名の動揺を鎮めてから、再度攻撃しようとするものである。

しかもこのような講和内容だけではなく、さらに著名な大坂城の堀の埋め立ても加わった。これについては、十二月二十日、常高院、二位局、饗庭局《あえばのつぼね》の三人の女性は、秀頼の使者として茶臼山の家康陣所まで赴いて、家康からの誓紙を受け取った。これには血判も据えられたが、堀の埋め立てに関する条項はない。しかしその付帯事項として、「十二月二十日、城内の二の丸石垣・矢倉・堀以下は、秀頼の方で人数を出して、これを壊して埋めることを常高院・二位局・饗庭局に申上げ、とくにこれは入念に崩すようにし、その奉行は京極氏が担当することも申し渡す」（『大坂冬陣記』）とある。大坂城の本丸だけを残して、他はすべて破却することは、当初からの了解事項であったのである。他の古文書でも、このことは確認できるが、二の丸・三の丸の破却は、当初は豊臣氏の手で行うことになっていた。この工事がなかなか進捗しないので、一挙に徳川方が工事を進めたというのが実情である。このあたりも現実の戦況とは異なり、完全に講和交渉は、徳川方のペースで進められた。この辺りから大坂方は、しだいに敗者への道を歩んでいったともいえよう。

34── 常高院の墓所

講和交渉の裏側

徳川方の主導で講和交渉が行われたが、以下のような動きもあった。慶長十九年（一六一四）十二月二十六日、浅野忠吉《ただよし》（新宮城主）が実報院《じつほういん》・廊坊《ろうぼう》・浄厳坊《じょうがんぼう》へ宛てた書状によると、和歌山城主の浅野長晟が大坂に出兵した隙に、国許である紀伊と大和の領国では、一揆が起きた。とくに北山や新宮の川筋が一揆の中心地であり、河口に位置した新宮城は、またたく間に一揆勢に取り囲まれた（『紀伊続風土記』）。

この一揆は、本来、在地の構造的な矛盾から起きたものとみるべきではあるが、ここで問題とするのは、「慶長十九年十二月五日、大坂城に籠城し、これに乗じて熊野の悪民らが、紀伊の北山で蜂起したとのことであり、それを聞いて、浅野氏は代官を派遣して鎮圧した」（『駿府記』慶長十九年十二月五日条）との記載があるからである。大坂方の大野治胤が紀伊新宮の武士で湊某という者と、津守某とを誘って起こしたのである。だからこそ浅野氏の新宮城が攻撃されたともいえよう。

こうして家康も、この一揆の動向を知ることにもなり、浅野氏の領国経営だけの問題ではなく、大坂の陣にも、大きな影響を与えるものとなった。すばやく徳川方が大坂方との講和交渉へ動いたのは、このような状況が、各地の大名領国でも起きる可能性があると判断したのかもしれない。この一揆は、在地の構造的な矛盾から起きたものとみるべきではあるが、十二月七日の未明、こうして大坂方の命を受けた一揆勢が蜂起したのである。さらに新宮城への攻撃は意図的に命じられたものであった。

この一揆については、「大坂城の方では、そのうち講和がなされ、二の丸・三の丸・惣構まで、すべて堀がなくなります」(『紀伊続風土記』)との記載もあり、背景には、大坂の陣をめぐる講和交渉の内容まで含まれていた。さらに「家康様は、京都で年を越すことになります。諸大名は順々にお帰りになりますので、本当に目出たいことです」(『紀伊続風土記』)ともある。大坂方は、何とか徳川方を撹乱させるために、一揆を蜂起させたにもかかわらず、徳川方から仕向けられた講和交渉のなかで堀が埋め立てられていった。徳川方主導の講和交渉によって、大坂方は一気に不利な状況へ追い込まれていったのである。

徳川方の記録によると、この一揆は簡単に鎮圧できたようにみえるが、実際はそうではなかった。十二月二十日付戸田勝直《とだかつなお》宛ての浅野忠吉書状によると、十二月十二日、一揆勢が三千余りをもって新宮城に迫り、そのため城代の戸田勝直は、二〇〇〇の兵を率いて新宮川(熊野川)で銃撃して一揆勢を退けた。翌日にも、戸田勢は来襲した一揆勢を川を渡って迎撃して、ようやく彼らを壊滅させた（「戸田文書」）。城代戸田勢のたび重なる迎撃によって、ようやく一揆を鎮圧することができた。なお同じ書状によると、藩主浅野長晟は大坂にあって家康の命を受け、部将の熊野兵庫に二〇〇〇の兵をつけて送ったが、彼らが現地に着いた時には、すでに鎮圧されていた。さらに浅野氏はこの一揆を鎮圧したことを家康や秀忠へ報告し、それに対し家康は、その返礼として浅野氏に特別な使者を送り、同時に丁重な書状も送ったことも知られる（「戸田文書」）。このように家康らも注目すべき一揆であったが、家康の立場からすれば、何もこの一揆が鎮圧されたのが喜ばしいのではなかったはずである。この一揆が単に浅野領国に関する問題ではなく、徳川方の諸大名に与えた影響も大きかったから深刻な問題であり、そのことが顕在化しなかったことに安堵しただけである。

進む堀の埋め立てと徳川方の軍事編制

このように、時期といい、まさに大坂方が仕掛けた一揆とも思えるものがあったが、焦点になっていた堀の埋め立ては、徳川方の主導で行われていった。

なおこの堀の埋め立ては、慶長二十年（一六一五）正月五日付で重臣へ宛てた伊達政宗書状には、十二月二十五日に家康様が京都へ到着し、「現在、外堀の埋め立て工事が半ばが過ぎたところです」（『引証記』）とあり、すでに年が明けた正月五日頃には、堀の埋め立ては順調に行われていた。さらに慶長二十年正月十八日、徳川方の普請奉行衆一〇名から山内忠義へ宛てられた書状によると、正月十八日早朝、玉造口の堀の埋め立ては、伊達政宗・井伊直孝・榊原《さかきばら》

35――伊達政宗

康勝《やすかつ》が担当して作業が開始され、山内忠義と金森可重《よししげ》は、大坂城の高い所から有りしだいの土を運ぶよう指示された。また前田氏は、算用曲輪《さんようくるわ》から堀へ土を運ぶことを指示された。そして最後に徳川氏の普請奉行衆は山内氏に対し、「これらはとくに急ぎの普請であるので、前後の普請場所を命じなくても、早朝からすばやく行いなさい。個々の事情も考慮するが、書類によって厳しく命じます」（「山内家史料」）とある。徳川方は、ここでも惣堀（惣構の堀）だけではなく、二の丸さらに三の丸の堀まで埋め立ててしまったが、それを諸大名に早急に完了するよう命じたのである。白根孝胤氏によると、従来の家康付きの奉行人だけではなく、永田重利《しげとし》・伊《い》東政世《とうまさよ》らのような秀忠付きの奉行人も連署しており、この堀の埋め立てという事業とは、徳川方のすべての諸大名を軍事編制する画期的なものであった。堀の埋め立てをめぐり、徳川方はしだいに強固な軍事編制を形成させていったともいえよう。大坂城を攻めきれないという徳川方の不利な戦況に対し、家康は巧妙な講和交渉を通じて、見事に優位な状況へと導いていったのである。まさに朝鮮出兵における朝鮮駐屯に象徴される秀吉政治の軍事編制を彷彿《ほうふつ》させるものであった。こうして徳川方も、けっして当初のような寄合所帯の軍団ではなくなっていた。これが秀忠政治以降、いわゆる幕藩体制という体制の基礎にもなるのである。

徳川方の戦法勝ち

慶長二十年（一六一五）正月二十二日、伊達政宗が今井宗薫へ宛てた書状でも、外堀の埋め立てはすでに昨年の暮れから開始され、正月中には完成したことが知られる（『引証記』）。この書状では、家康の側近である本多正純の機嫌がよく、伊達政宗との楽しい茶会になったようである。しかし伊達政宗は、この書状の最後で「我らは、明日にも現場に出ることになります」と記した。堀の埋め立ては、徳川方の諸大名を動員した厳しい軍事編制にもなった。

こうして正月晦日、「日本の諸大名は正月二十四日、二十五日には、大坂城の堀埋め立てを完了させたので、すぐに国許へ帰陣することを申請した」とあり、さらに二月朔日には「本多正純が大坂から駿府へ戻ったが、これは大坂城の堀埋め立ての未完成であった場所が完成したからである。この結果、三の丸・二の丸の堀門櫓などまで、すべてが埋まったのである」（『駿府記』慶長二十年正月晦日、二月朔日条）との状況になった。

このように大坂・徳川方の両陣営では、互いに堀の埋め立てが了解されていたものの、何とか時間を稼ごうとした大坂方に対し、一気に時間を縮めた徳川方の戦法勝ちであった。この埋め立て作業によって徳川方の軍団が、強固なものになったことも、大坂方からすれば、きわめて皮肉なことであった。

4　冬の陣の群像

大坂城からの出撃

冬の陣での主な戦いは、鴫野・今福の戦い、野田・福島の戦い、さらに真田丸の攻防戦である。いずれも大坂城から離れた場所での戦闘ではあったが、主な戦闘シーンを武将ごとにまとめると以下のようになる。虚実が混じってはいるが、まさに敗者たちの群像である。

木村重成　冬の陣の十一月二十六日、大坂城の東北に位置する今福の戦いで、佐竹氏の軍勢に大きな損失を与えた。『難波戦記』をはじめ、多くの軍記物語では、若い美しい武将としてされるが、生年も未詳だけではなく、史実とされるものがほとんどない人物である。秀吉の奉行人として、著名な木村常陸介の子息ともされるが、その根拠もない。冬の陣の講和交渉において、十二月二十一日、秀頼の使者として秀忠の陣所である岡山に赴き、秀忠から誓紙を受け取ったことは史実である。江戸時代から現代にかけて、大坂では絶大な人気のある人物の一人である。

後藤又兵衛　基次とも称す。幼少の頃から大名黒田《くろだ》孝高《よしたか》・長政に仕え、長政が筑前国に移封されると、大隈城《おおくまじょう》一万六〇〇〇石の城主となる。その後、黒田氏の許を去り、牢人生活を送っていた特異な人物。冬の陣では、十一月二十六日、佐竹・上杉氏の軍勢と戦い、徳川方の陣営を苦しめた。

薄田兼相

秀吉の直臣団として伏見や大坂周辺に定住していた史実もあり、秀頼の家臣として三〇〇〇石の知行を有していた。大野治房らとともに、木津川河口の砦を守備していたが、十一月十九日、蜂須賀至鎮・池田忠雄《ただかつ》らに襲撃され、さらに同月二十九日、神崎《かんざき》の遊女屋で遊んでいたため、博労ヶ淵砦を蜂須賀隊に占拠される大失態を演じた。このような不手際によって「橙武者」と揶揄《やゆ》された。豪傑な人物として著名な岩見重太郎は、彼の前身であるとの伝説がある。岩見重太郎は江戸時代の講談で語られた架空の人物で、作家の芥川龍之介も「岩見重太郎」という文章を残している。

真田幸村

信濃上田城主の真田《さなだ》昌幸《まさゆき》の次男で、永禄十年(一五六七)に生まれる。父の昌幸とともに豊臣秀吉に仕え、関ヶ原の戦いでは、西軍として秀忠の軍勢を苦しめたことは著名である。関ヶ原の戦い後、父昌幸とともに高野山麓の九度山《くどやま》で蟄居《ちっきょ》するが、大坂方の招きに応じて、子息大助とともに参陣した。冬の陣では、大坂城には入らず、出城の真田丸に籠もり、十二月四日、前田氏や井伊氏らの軍勢を退けた。諱は信繁と称し、江戸時代の軍記物語『難波戦記』で初めて「幸村」と称された。江戸時代以降、楠木正成《くすのきまさしげ》や諸葛孔明《しょかつこうめい》とも並び称され、大坂方の総軍師として語られた大坂の陣での最大のヒーローとなった。

V 大坂夏の陣

36── 現在の道明寺周辺
道明寺周辺は，大和川と支流の石川が合流する場所であった．また南北から山が迫り，平野がわずかしかない地形から，大坂城へ進む徳川方の軍勢を遮断するのに絶好の地であった．

1　講和後の大坂方と戦闘開始を急ぐ徳川方

再戦を防ぐ大坂方

講和の条件として徳川方から提案されたのは、まず大坂城から秀頼が退去することであり、さらに開戦前にも問題となった、新規に召し抱えた牢人衆を追放することである。しかしこの段階では、いずれも大坂方が譲れるものではないことは明らかである。講和の条件に牢人衆の処罰を提案されても、大坂方が納得できるものではない。しかし徳川方は、大坂方が拒否したら、これを再戦理由とするつもりであった。すなわち、どのようなことをしても、すでに徳川方は豊臣家を滅ぼす覚悟であり、ともかくも大坂方には時間を稼がせないことを重視した。

大坂方も、このあたりはよく承知していたようである。慶長二十年（一六一五）正月四日、秀頼が高台院（秀吉夫人おね）に宛てた書状（「高台院所蔵文書」）によると、秀頼が家康九男である義直の婚儀に対して祝意を表すなど、早くもこの段階から、すぐには再戦を起こさないような交渉を考えていた。ところがその一方、同年二月十日、真田幸村が娘婿である石合十蔵《いしあいじゅうぞう》に宛てた書状（「石合文書」）では、籠城中の牢人らには、再戦しようとする思いが強かったようである。同書状で、自分の娘の身上を案ずる人間臭さもあらわしており、真田幸村の本音をうかがうこともできる。

このように大坂方には再戦を防ぐ動きもあったが、一方の徳川方は、再戦のチャンスを狙っていた。これについては、徳川方から諸大名へ動員令が出されたとの噂が流れると、「城中大いに騒動し、各々評議定まらず、城中の衆議、四方に分る。一方は七組の衆、一方は大野治長・同治房・後藤又兵衛、一方は木村重成・渡辺糺《ただす》・真田幸村、一方は長宗我部盛親・毛利勝永・明石全登などなり。其の上母公の淀殿、時々差出給ふによつて、終に一決せず」（『山本豊久私記』）とある。大坂方の作戦が一致しておらず、冬の陣とは戦況はまったく違っていた。

再戦を急ぐ徳川方

このような状況を物語るように、三月に入ると、京都にいた徳川方の板倉勝重は、大坂方の動静を逐一報告するため、頻繁《ひんぱん》に駿府の家康へ使者を送るようになった。このうち三月五日付の報告によると、大坂方による塀や柵の設置、あるいは堀の掘り起こし、さらには増大する牢人数やその行動まで報告しており、徳川方は、なるべく再戦となる要因を探していたのである（「後藤庄三郎家文書」）。

三月十二日、板倉勝重が駿府の後藤光次へ宛てた書状でも、配下の者を大坂へ派遣し、その様子を報告させた（「後藤庄三郎家文書」）ことがわかる。この使者が報告したことによると、これまで以上に、大坂方は米や材木を多く集め、それを船場《せんば》に積み置いたようである。このような米の搬入経路も、板倉の使者は調査しており、その報告によると、まず大坂の商人たちが兵庫へ米を持ち込み、すべてを兵粮として受け取ったようである。その他、直接国々から船で運ばれてきた米や材木もあったようであり、これらの船は尼崎には寄らず、直接伝法口《でんぼうぐち》（淀川河口）を経て、そのまま大坂城へ運ばれたようである。ここで報告されている大坂方の軍需物資の調達状況は、まさに大坂が有している経済性の優位さである。けっして中世以来の堺ではなく、兵庫や尼崎、あるいは淀川河口の湊という大坂城に直結するルートである。

さらに続けて大坂城の様子が報告される（「後藤庄三郎家文書」）。これによると、これまで籠城した者の内で侍分の者で退去した者は一人もおらず、城内には小屋を構えて居住する者も出現するようになった。さらにまだ新規に召し抱えを望む牢人が方々から集まってきており、大坂の町人は「大坂城は秀吉の時代よりも人が多い」ほどである。

都市大坂の経済発展

このように板倉勝重から家康へ報告されたのは、大坂方による軍備増強の実態であろうが、ここでも秀吉の死後も、都市大坂が経済的に発展していたことが確認できる。

その他、板倉は、大坂城本丸のなかでは鉄炮の火薬が際限なく唐臼《からうす》で製造され、それが城内に備蓄されていることも、大坂へ赴いた息子の板倉重昌《しげまさ》から聞いており（「後藤庄三郎家文書」）、これも逐一家康へ報告した。

大坂方は、早い再戦を避けるため、時間稼ぎの交渉をしていたにもかかわらず、大坂の船場や城内には多くの兵粮や材木が集まっていた。大坂城の本丸では、火薬を製造するほどの準備も行われていた。しかも籠城する多くの牢人たちの数が減ることはなかった。これを大坂方の不一致とみることもできるが、大坂方の軍事作戦として妥当とも考えられる。冬の陣でみてきたように、堀の埋め立ておよび徳川方の軍団編制の強化を除けば、大坂方にとって、けっして不利な戦況ではなかったからである。なおすでに籠城戦も不可能と判断した真田幸村のような武将もあったが、必ずしもそうとはいえないものもあった。

それよりもここで重要なことは、各地からの兵粮が従来の堺ではなく、より大坂城に近い兵庫へ集まり、それが直接大坂湾の伝法口を経て、船場へ運ばれていたことであろう。冬の陣の野田・福島の戦いに勝利した徳川方ではあったが、このような物資供給のルートをまだ充分に掌握しておらず、大坂方の手にあったことは注目されよう。これを軍需経済に沸く都市大坂の状況とみてもよかろう。なお三月十三日付で後藤光次へ宛てられた板倉勝重の書状でも、大坂方は新参者を優遇していること、大野治長が「一万二〇〇〇人」もの牢人を召し抱え、当座の金銀を配り与えていること、大野治長配下の者は、すでに開戦の談合まで行っていることなども記されている。大坂方も再戦に備えて、実はこのような準備をしており、そのうえで時間かせぎの交渉を行っていたと考えるべきである。大坂方の動きが不一致であったというより、軍備の具体的な実態のすべてを徳川方に知られていることの方が問題である。

ところで三月十三日、秀頼の使者として、青木一重や常高院（淀殿妹の初）・二位局（渡辺勝の母）・大蔵卿局（大野治長の母）らが、駿府に到着した（『駿府記』慶長二十年三月十三日条）。

徳川方との交渉と真田幸村らの動向

さらに三月十五日、「家康様は南殿に出て、秀頼の使者として青木一重を引見したが、彼は秀頼からの贈答品である金襴《きんらん》一〇巻と秀頼書状を差し出し、さらに自らの贈り物として、御鷹のうちつき《（内付）》蒔絵《まきえ》一〇枚を献上した」とあり、さらに「常光院・二位局・大蔵卿・正永尼（渡辺糺の母）も、家康様にお会いになったが、彼女らは淀殿の使者である」（『駿府記』慶長二十年三月十五日条）とある。

これによると、大坂方からの使者には、秀頼からの使者である青木一重だけではなく、淀殿の使者として常光院らもいて、別々に家康に謁見していた。それぞれが秀頼や淀殿の書状および進物を家康へ献上したようである。これらの使者を派遣し、家康の九男義直の婚儀に祝意をあらわすとともに、冬の陣で被った経済的な困窮を訴えながら、徳川方による助力を懇願した。家康にひたすら陳謝の意をあらわしながら、徳川方から出される条件の緩和を申し出た。

しかし大坂方の講和交渉は一本化することもできず、本来、極秘にすべき軍備増強に関する動きまでも徳川方に知られていた。どのような場合でも、その戦況にかかわらず、まずは相手方の状況をよく判断し、自らのペースで進めていくのが講和交渉の常套《じょうとう》である。

このように講和交渉において、完全に後手に回った感の大坂方であるが、ここで牢人たちの動向をみることにする。三月十九日、小壱岐・同主膳へ宛てた真田幸村の書状をみてみよう。著名な書状で相手は親しい友人のようである。これによると、秀頼が真田幸村に対して特別の配慮をしているにもかかわらず、「何につけても気苦労なことばかりの毎日を送っています」とあり、毎日不満な生活を強いられていたようである。ここでは書状にしたためることも憚《はばか》るとあり、そのことは口頭で使者に託したとあるので、おそらく秀頼や淀殿ら大坂方の首脳に対する不満かと思われる。先述の後手に回った講和交渉に関することが原因かもしれない。さらに真田幸村は、「もし今年中も静かでございましたら、何とかしてお目にかかってお話を承りたく存じます」と続けており、百戦錬磨の真田幸村としては、不利な戦況となった現在、まずは当面の再戦さえ防ぐことができれば、何とか活路を見出すことができると考えていたようである。ところがこのような幸村であっても、「定めない浮世ですから、一日先のことはわかりません。私などは浮世に生きている者とは思し召し下さいますな」とも述べた。まさに辞世の言葉を発しており、すでに再戦は避けることができないと考えていたようである。

ここで大坂方では、再戦に向けて目立った動きがないようにも思えるが、最後に真田幸村は、すでに「浮世に生きている者」ではないとも語っており、幸村は決死の覚悟ができていたのである。やはり先述した板倉勝重が駿府の家康へ報告した内容は真実であった。

再戦を仕掛ける徳川方

このように大坂方は、徳川方に講和条件の緩和を求めるような交渉を続ける一方で、再戦へ向けた準備も怠らなかった。しかし再戦は、すでに真田幸村も暗に感じていたように、豊臣氏の滅亡に繋がりかねない。

早くも四月朔日付で今井宗薫《そうくん》へ宛てた書状において、伊達政宗がこのことを予言する（「今井文書」）。これによると、三月二十一日、仙台から江戸へ到着した伊達政宗は、駿府の家康周辺に何事もないことを知らせ、江戸で宗呑《そうどん》（宗薫の子）と会ったことも報告しながら、家康と秀忠から聞いた話として、大坂では、昨年から召し抱えた牢人はすべてそのままで、彼らには馬や弓矢も与えるなど、近日中、再び乱を起こすとの報告もしている。政宗は、大坂方が軍備増強していることを明言しながら、講和条件として、①すぐさま秀頼は大坂城を明け渡して大和あるいは伊勢に移ること、②大坂城の牢人を一人残らず解雇することの二ヵ条を出して、このうち、大坂方が一つでも納得できなければ、徳川方は出陣するべきであるとも述べた。すぐさま秀頼は軍備を放棄し、大坂を明け渡すしか生き残る道はないと断言したのである。そのうえで政宗は、「幸運にも私は江戸に滞在しているので、徳川方として出陣します」と述べ、徳川方として出陣することも明言した。このような書状を残すことこそが、徳川方として生き抜くための伊達政宗独特のパフォーマンスかもしれないが、時勢をよく読んだものである。この時期における大名の心情をよく表していよう。

しかしこのような書状を出した政宗であったが、同じ書状において、「大坂方からのご返事がどのようになっているのか。そのあたりを詳細かつ具体的に知りたい」とも問い、この書状は今井宗薫が読んだ後は、早飛脚で大和の柳生宗矩《やぎゅうむねのり》の所にも回覧してくれるよう依頼し、柳生の返事も聞きたいと述べた。政宗は事前に柳生宗矩とも話をつけていたのである。政宗は、今井宗薫に大坂方の状況を尋ね、さらには徳川方の柳生氏の存在も出すなど、おそらく秀頼の大和移封を想定していたのであろう。徳川方として出陣の準備を行う政宗であっても、わずかな望みとして、講和交渉の動向に期待する向きもあった。

先述した板倉勝重の書状によると、徳川方は大坂方へ無理難題を申しつけていたが、政宗が今井宗薫宛ての書状で述べたように、やはり徳川方は戦闘を再開させるつもりであった。政宗が明言したように、すでに両者の戦闘を避けるためには、秀頼が大坂城を明け渡し、大和あるいは伊勢あたりに移封し、牢人を解雇することが絶対条件であった。

大坂方としては、多くの牢人を解雇し、武装解除したことを表明し、そのうえで大和あるいは伊勢あたりに国替えをするしか生き残る道はなかった。伊達政宗ら大名からすれば、秀頼には、枢要な地である大坂を離れる決意をすることを望み、そのために大和在住の柳生宗矩にまで話をつけていたのである。再び両陣営の開戦となれば、厳しい軍事動員を強いられる大名としても、すでに大坂方とか徳川方の問題ではなかった。このまま両陣営の戦闘もなく、徳川方が大坂の地を掌握することができれば、それに越したことはなかった。再び家康・秀忠による軍事動員が開始され、その結果、徳川氏による大名統制が一層強化されることは、けっして望ましいことではないのである。

再戦勃発へ向かう状況

ところが大坂城の秀頼は、徳川方のこうした条件に一切耳を貸さず、牢人を解雇することもせず、軍備増強をしながら、再戦も辞さない覚悟にあった。まさに徳川方の「思うつぼ」であった。

三月晦日、板倉勝重が本多忠政（伊勢桑名城主）に宛てた書状（「中村不能斎採集文書」）によると、この本多忠政だけではなく、井伊直孝・松平忠明・藤堂高虎らも、勝重に出陣することを伝えた。さらに勝重は、急遽、尾張名古屋の成瀬正成へ使者を送り、尾張藩のなかで「武者の隊列で上洛するか、または常時武具を持たせて、上洛するかの相談をしなさい」との指示を与えており、徳川義直の軍勢には、出撃方法まで指示した。このように三月下旬から、徳川方はすでに再戦するつもりでいた。

この書状は、本多忠政からの書状に対する板倉勝重の回答書でもあり、大坂の陣再来に対する板倉勝重の考えがよく出ていよう。さらに勝重は同じ書状で、徳川方の片桐且元が船舶の調達に奔走していることを報告され、これに大いなる不満を述べて、ともかく武具を用意して上洛することだけを強調した。このことは徳川方が、まだ大坂湾の海上支配を確立させていないとの裏返しの事実であろう。ここからも、徳川方は大坂城を包囲することに全力を注ぎ、城の南方から攻撃することを主な作戦としていたことが知られよう。

なお書状の最後でも、勝重は本多忠政に対し、今回の攻撃は「伏見城を警護する時のように上洛すればよい」とし、今回における軍勢配置などを、自分とよく相談するよう命じた。さらに他の大名は、すでに軍勢の配置などを勝重と相談していることを示唆し、かなりの部分を勝重が取り仕切っていたようである。ここでも徳川方の作戦は、大坂城を包囲することに主眼が置かれていた。

四月四日、すでにこの段階から家康は、駿府からまず尾張の名古屋へ向かうことが定まっていた。駿府の家康は、九男義直の婚儀に乗じて、上方方面へ発ち、一挙に大坂方を滅亡させる算段であった。

2 大坂湾の支配をめぐる戦闘と樫井の戦い

都市大坂への米穀供給を禁ず

慶長二十年（一六一五）三月十四日、将軍秀忠の奉行衆は、江戸城へ九州・四国ら西国大名の留守居を呼び寄せ、大坂への米輸送を禁止するよう命じた。そのうえで自領の年貢米を換金するためには、まず尼崎へ着船させて、それを京都・伏見で換金することも命じ、そのことを留守居たちから主な家臣へ伝えることも報じた（「浅野家旧記」）。徳川方は、九州・四国・西国大名に対し、大坂へ米を輸送することを禁じて、運送商売の諸船はすべて尼崎へ入港するよう命じたのである。

四月十七日付で酒井《さかい》忠世《ただよ》・土井《どい》利勝《としかつ》・安藤重信《あんどうしげのぶ》ら秀忠奉行衆が鍋島勝茂《なべしまかつしげ》へ宛てた連署状にも、諸国から上方へ上る船舶は尼崎へ着岸させ、さらに米やその他物資の年貢も、同地で換金することが明記されており（『鍋島勝茂譜考補』）、このような指令が徳川方から出されていた。すでに戦闘を開始することを想定し、徳川方は、各地から大坂に兵粮が移入されることをストップさせたのである。

しかし、これはあくまでも都市大坂への米穀供給を禁じたものであり、諸大名による年貢米の換金行為は許可されていた。徳川方として、許可する他はなかったというのが本音であろう。当時、諸国の年貢米を換金するためには、上方しかなかったからである。このような面でも、その搬入口である大坂は重要だった。この段階の経済面では、大坂方はいくらか優位な立場にあった。

徳川方による尼崎・兵庫方面の封鎖

さらに慶長二十年（一六一五）四月八日付で島津家久へ宛てた本多正純書状（『薩藩旧記雑録後編』）では、両陣営の交渉が決裂したら、たとえ家康らが上洛しても、指示をするまでは国許で待機することを命じつつ、一方では、指示をしたならばすぐにも軍勢を「兵庫・西宮・尼崎辺り」に配置できるよう指示した。徳川方は、開戦したならば、尼崎から兵庫にかけて、中国・四国の諸大名を集結させるつもりでいたのである。

どの西国大名も、冬の陣後、再戦の準備として軍勢を兵庫に残していたようであり、そのため古くから換金市場として著名であった近江の大津と比しても、兵庫の米価は高騰していた（「亀井文書」）。このような現象は、兵庫だけではなく、尼崎などでもみられたと思われる。すでに両地とも、諸大名の年貢米を換金できる場所になっていた。つまり大坂だけではなく、その周辺でも、軍事的な拠点となるような場所では、多くの軍勢が駐屯することによって、年貢米の換金に適する場所になっていたのである。

各地の大名から廻送された米が換金されたのは、実際には淀川河口である伝法口から船場、さらには淀川を上った伏見辺りが中心であったと思われる。秀吉政治以来、首都となった伏見・大坂の城下であるが、これら当該地は、まだ大坂方の支配が強い地であった。したがって兵庫や尼崎などの地は、まだ徳川方が獲得していない場所であったのかもしれない。このように兵庫や尼崎まで含めて、ますます大坂の経済的な重要性が発揮されていたのである。

尼崎・兵庫の地位浮上

中世以来の国際貿易港堺ではなく、ここで尼崎や兵庫という地が登場するのは、秀吉政治以来、大坂城と伏見城を拠点とし、まず淀川水系の水運交通が発達し、さらにそれらが拡大し、瀬戸内から大坂湾までの海上交通にも連携するなど、かつてない広範囲な「首都圏」を形成していたからである。東国（木曽山や出羽秋田など、伊勢湾沿岸から北陸地方の以東）からの材木調達の拠点は、伏見・大坂を中心とし、しだいに拡大していたのである。このことを換言すれば、両都市を結ぶ淀川水系の水運交通が展開し、さらに朝鮮出兵以降、九州や朝鮮へ向けた派兵の結果、それまで以上に瀬戸内水運も発達し、それにともなって「首都圏」が拡大したのである（拙著『秀吉・家康政権の政治経済構造』）。秀吉の死後も、「首都圏」の整備が継続され、兵庫や尼崎の地の重要性も浮上し、大坂湾支配の重要性がより際立ってきたのである。

関ヶ原の戦い後、家康は覇権を握るため、まず伏見の地を押さえたが、それだけでは、「首都圏」

を掌握したことにはならなかった。徳川方としては、発展し続ける港湾都市大坂の地を掌握しなければ、さらに瀬戸内や西国支配に着手することもできなかったのである。徳川方が、西国大名の軍勢を兵庫や尼崎に集結させようとした意味には、こうした政治経済的な背景があったのである。

徳川方は、西国大名には再戦に向けて準備をするよう指示しながらも、家康の指示がなければ、国許で待機するよう命じた。ここでも徳川方は、大坂湾への攻撃にこだわっていた。しかしその地を完全に掌握していないので、まずは大坂城の攻撃として、南方からの攻撃を重視したのである。

時間を稼ぐ大坂方

ところで四月五日、大野治長の使者が駿府へ赴き、秀頼の移封が免ぜられるよう懇願した。加えて常高院からも、秀頼や淀殿の願いが伝えられたが、これはまったく無駄な交渉となったようである（『駿府記』慶長二十年四月五日条）。大坂方としては、先述した伊達政宗の主張する「二ヵ条」を受け入れる意思がはじめからなかったのである。この時の大坂方の真意は、再戦の準備をするだけではなく、ひたすら「時間稼ぎ」をしようとしただけである。だからこそ秀頼は、四月に入っても義直の婚儀に対する祝意を表し、徳川方の「顔色」をうかがうだけであった。もう少し都市大坂をめぐるさまざまな状況分析ができていれば、あるいは再戦に向けた新たな戦略がとれたかもしれない。

大坂方からの要求に対し、家康もまったく取り合うことはなかった。先の三月十五日、淀殿の使者を引見しても、大坂方の要望に対して曖昧《あいまい》な態度で対応しながら、逆に家康は、「私は息子の義直の婚儀のために尾張名古屋へ行くだけである。その時に京都へ行き、さらに摂津・河内をも視察し、ある指示を出すかもしれない。あなた方も名古屋へ来て、私を待ちなさい。とくに関東の婦女（徳川家の女性たち）は儀礼に詳しくないので、あなた方が義直の婚儀を手伝って欲しい」（『駿府記』慶長二十年三月十五日条）と述べ、大坂方の使者を追い返す始末であった。

　家康は急いでいた。九男義直の婚礼に列席することを理由とし、四月四日、家康は駿府を発ち、十日には名古屋に到着した（『駿府記』慶長二十年四月十日条）。同じく将軍秀忠も、四月十日に江戸を出発したが、三月晦日には諸大名へ動員令を出していたので、その軍勢は続々と京都・大坂を目指した。三月二十八日に「江戸と駿府から出陣するよう命令が出された」（『駿府記』慶長二十年三月二十八日条）とか、三月晦日には「家康様が近日にも上洛するので、諸国に出陣を命ずる触が出された」との噂も流れた（『駿府記』慶長二十年三月晦日条）。

　上方でも、しだいに再戦が近いことが感じられた。四月七日、家康の側近本多正純は、先述した島津氏だけではなく、福島正則にも、家康の指示があるまで国許で待機するよう通達した（『薩藩旧記雑録後編』）。家康は、特定大名の動きには警戒していた。

大坂湾の海上支配をめぐる再戦

そして四月十二日、尾張藩主の徳川義直は、浅野幸長の娘を娶《めと》った。徳川氏は有力大名浅野氏を組み込んだが、四月十日、本多正純が大村喜前《おおむらよしあき》（純忠《すみただ》の嫡男）に宛てた書状によると、もし開戦となれば、家康が大村氏には水軍の役目を申し付けるので、その用意をしているよう命じた。しかしそれでも家康が上洛することがあっても、指示があるまでは船で出撃することを禁じた（「大村家覚書」）。

徳川方は再戦の場合、大坂湾の支配をめぐる攻防となることを想定して、大村氏らに船舶を確保するよう命じた。ここでも家康の指示があるまでは勝手に動くことを禁じたが、これは彼らが大坂方へ味方する可能性もあり、それを恐れたのである。どこまでも用意周到な徳川方の作戦ではあるが、ここでもこの陣を契機とし、諸大名の軍団編制を強化することを考えていた。

大坂にこだわる秀頼

四月十六日付で島津氏へ出された細川忠興の書状にも、このような徳川方の動きがみられる。これによると、家康が四月十日に名古屋に到着したことを知らせ、本多正純が書状で両者の交渉が断絶したことを知らせたが、このような状況になっても、まだ徳川氏から出陣の指令が出ていないことを告げた。家康は、有力大名には、すぐには出陣命令を出していない。

続けて細川忠興は島津氏に対し、大坂方には、新たに召し抱えた者たちを残らず解雇し、秀頼の国替えを了承することしか生きる道がないことを告げられたことが知られる。ここでも、豊臣氏の存在方法を提示したが、秀頼がまったく応じることがないことも述べられている（『譜牒余録』）。つまり秀頼は、最後まで大坂に固守したが、その一方で伊達政宗だけではなく、細川忠興も豊臣氏の滅亡回避に終始したのである。

大坂方の秀頼が、大坂城の明け渡しや牢人を解雇することにまったく応じるつもりがなく、諸大名らは、やむを得ず徳川方として出撃する状況になった。伊達政宗も想定したように、秀頼が大坂城を明け渡すことが主要な条件となり、それに旧臣や牢人衆の扱いなど、二ヵ条が提示された。

かつての豊臣大名の多くは、細川忠興とほぼ同じ気持ちであったと思われる。各地の大名からすれば、すでに大坂方を支持する状況にはないが、自らの軍勢が徳川氏によって動員されることを想定すると、講和交渉によって再戦が避けられて、その結果、豊臣氏が存続することだけを願うようになった。

ところで四月九日夜、大坂方では、「去る九日の夜、本城より大野修理大夫（治長）、宿所に帰る処、何者とも知れず、跡より脇指を以て、左の脇より肩さきへ突抜く云々、突捨て一町程欠落ちの処、修理郎等共、追懸け切留む」（『駿府記』慶長二十年四月十二日条）とあり、比較的穏健派（講和派）の大野治長が城内で刺客に襲われる事件が起きた。当時の大坂方では、大野治房らの強硬派が台頭するなど、しだいに大坂方の足並みが揃わなくなっていた。この事実を織田有楽斎は家康に対し、「大坂方は、牢人たちは三つの派閥に分裂したが、それは七手組頭・大野治長・後藤又兵衛の一派、木村重成・渡辺糺・真田幸村・明石全登の一派、大野治房・長宗我部盛親・毛利勝永・仙石秀範の一派である」（『駿府記』慶長二十年四月十三日条）と報告した。しかしこのような事態となったのは、片桐且元のしわざである（『長沢聞書』）とか、あるいは家康が仕向けたからである（パゼー『日本耶蘇教史』）との記録もある。しかし大坂方を含めて多くの人々は、この大野治長の暗殺未遂事件をもって、大坂方の「内紛」とは理解していないようである。ただし大坂方が団結していなかったのは、誰の目にも明らかであった。

そして、徳川方による堀の埋め立てによって、これまでの籠城戦すら不可能となっていたことが重要である。皮肉にも、当初から真田幸村らの主張する迎撃戦で臨むしか選択肢がなくなっていたのである。

秀頼の判断

そのような折の四月十七日、秀頼は、尾張名古屋の徳川義直に宛てて書状を出した（「徳川美術館所蔵文書」）。これによると、秀頼は使者の赤座直規に贈答品を持たせて、婚儀を祝った。秀頼は徳川方との戦闘をひたすら避けようとしたが、徳川方との条件提示には、まったく耳を貸す気配もなかった。やはり時間稼ぎであった。

大坂方の動きがこのようであったにもかかわらず、「前将軍（家康）が上洛するが、四月十八日、それを出迎えるため、六条中納言、竹内刑部少輔、同道了ら公卿衆一五、六人が山科郷へ赴いたが、ここに大坂の秀頼公が京都へ攻め上り、家康勢を襲撃するとの噂がある」（『言緒《ときお》卿記《きようき》』）ともあり、上洛した家康に対して、秀頼は、大坂から京都へ攻め上り、襲撃するとの噂まで流れていた。

伊達政宗が書状で明言したように、両者の間では、すでに「条件闘争」の段階に来ていたにもかかわらず、秀頼の動きはこのようであった。大坂の重要性が如実に明らかとなっていたからこそ、大坂方としては、とうてい大坂城を明け渡すことができないようになってきたとも理解できる。ならば積極的に再び戦闘する道もあったが、秀頼自身、そのような態度をまったくみせていない。

一方の徳川方からすれば、関ヶ原の戦い後、伏見だけではなく、残る大坂を含めた「首都圏」を掌握するためには、すでに豊臣氏の存在そのものを消滅させる他はなかった。もしも秀頼が秀吉政治の後継者として、かかる都市大坂の重要性を正しく認識していれば、このような態度をとらなかったはずである。すでに「時遅し」の感もあり、もはや両陣営による戦闘の開始を避けることは無理であった。ここに夏の陣が開始されるのである。

一揆勢と連携する大坂方

慶長二十年(一六一五)四月二十九日、泉南《せんなん》地方の樫井(現大阪府泉佐野《いずみさの》市)の戦いが契機となり、夏の陣が開始されるというのが一般的な見解である。

ところが夏の陣が開始される少し前、ある戦いがあったことを忘れてはならない。先述したことであるが、家康の命令によって藤堂高虎の軍勢が大坂の南方へ出撃し、紀伊和歌山の浅野長晟の軍勢と集結しようとした。その際、浅野長晟の領国では、大坂方に内通した一揆の蜂起があり、浅野勢はそれに遭遇したのである。一揆勢は、浅野長晟が大坂へ出撃することに乗じて、後方から城を乗っ取ろうとした。さらにその勢いをもって、浅野氏の軍勢を追い打ちし、大坂城からの軍勢と連携し、浅野長晟の軍勢を挟み討ちにするつもりであった(『大坂陣山口休庵咄』)。

たしかにこの一揆勢らの動きに呼応するように、四月二十八日、「大坂から牢人らが、一万余騎を率いて、大和の郡山《こおりやま》・龍田《たつた》・法隆寺《ほうりゅうじ》の近辺へ出撃し、今夜子《ね》の刻（午前零時頃）、火を放ち、法隆寺堂塔以下、すべて焼失した」（『駿府記』慶長二十年四月二十八日条）とある。このような戦いを契機に、大坂方の軍勢は城から出撃したのである。徳川方である郡山領主の筒井《つつい》定慶《さだよし》は、「これに防戦したが、敵方が多すぎて、防戦しきれず敗北した」（『駿府記』慶長二十年四月二十八日条）とある。さらに四月二十九日、「昨日の申の刻（午後四時頃）、大坂から、大野治房と槇島重利《まきしましげとし》を大将とする軍勢が出撃し、堺や住吉その他周辺の大きな港の近辺に火を放ったので、住吉大社の社頭がすべて焼失してしまった」（『駿府記』慶長二十年四月二十九日条）ともある。

四月二十八日、こうして一揆勢が蜂起するとともに、大坂城からの軍勢は一万余りの軍勢で大和方面へ入り、火を郡山・龍田・法隆寺などに放ち、同時に治房や重利らも、堺の町や住吉大社に火を放った。一方の徳川方の水軍向井忠勝は、大坂方の兵粮船を捕獲したともある。大坂方は、徳川方の向井忠勝や九鬼《くき》守隆《もりたか》らと戦い、岸和田城に迫った。徳川方の岸和田城主小出《こいで》吉英《よしひで》は、たしかに防戦一方であったともされる。大坂方は堺や住吉方面に出撃したが、このように大きな港を狙ったのは、徳川方の物流補給路を遮断する意図があった。

大坂方の大敗北

四月二十九日、徳川方は、「信達《しだち》（現大阪府泉南市）」において、「大野治房の家老北村善太夫や大野弥五左衛門をはじめ、その他三十余人を生け捕りとしたとの報告があり」（『駿府記』慶長二十年四月二十九日条）とある。さらには「晦日である昨日四月二十九日の巳《み》の刻（午前十時頃）、大野治房と治胤、郡主馬・槙島重利・塙団右衛門《ばんだんえもん》（直之《なおゆき》）を大将とする三千余騎は、浅野長晟の在陣する信達郷へ進撃し、卯の刻（午前六時頃）から午《うま》の刻（正午頃）まで戦いを挑んだが、大坂方は敗北した」（『駿府記』慶長二十年四月晦日条）ともある。

蜂起した一揆勢だけではなく、それに連携して大坂城から出撃した大坂方の軍勢であったが、徳川方の浅野勢を挟み撃ちするどころか、逆に浅野長晟の軍勢によって鎮圧された。この結果、浅野長晟の軍勢は、紀伊国から和泉国へ入り、信達まで進んだ。

なお「紀伊日高郡には、大野治長の家老である一人が事前の調査として、軍勢を派遣した。しかしこれらは、紀伊の山口（現和歌山県印南《いんなみ》町）で浅野長晟の家臣にみつかってしまい、一人も残らず討ち取られてしまった」（『大坂陣山口休庵咄』）とある。大野治長の家老から内密に軍勢を派遣したが、紀伊山口において、これが浅野氏の家臣に発見されて、すべて大坂方の軍勢は討ち取られた。大坂方の作戦は完全に失敗した。

ここによく出てくる大野治長の家老とは、北村喜太夫《きたむらきだゆう》と大野弥五衛門《おおのやごえもん》の両名であるが、このうち北村が捕縛（「生捕」）され、大野は殺害（「大野弥五右衛門首献之」）された（『駿府記』の記載）。ともあれ四月二十九日、大坂方と浅野軍勢（徳川方）の間で、夏の陣の前哨戦として大きな戦闘があり、結果としては大坂方が敗れた。

この戦闘シーンは、四月二十八日に「大坂の両大将らの軍勢は、摂津の遠里《おり》（遠里小野《おりおの》、現大阪市住吉区と堺市堺区）に集結した。まず先陣として塙団右衛門が出陣し、二番手は岡部《おかべ》則綱《のりつな》と決まり、紀州方面へ出撃した。大坂城では、先陣には岡部を配する予定にいたが、多少の違いがあって塙が腹を立て、先陣にこだわった。そのため岡部と塙の両人の間で諍いがあったようである」とあり、まず大野治房と槙島重利が両大将として、堺や住吉社周辺に進撃し、これに塙団右衛門と岡部則綱の部隊が加わった。しかし翌二十九日になると、「大坂方の先陣が和泉の貝塚（現貝塚市）辺りで朝食をとったが、そのうち塙と岡部の間で、互いに先駆けの争いがあり、二、三百の軍勢によって突撃した」（「亀田大隅守高綱泉州樫井表合戦覚書」）ともあり、塙と岡部の間には、功名争いが激しく、とくに味方の制止を振り切って突撃したのが塙団右衛門であった。

白武者・黒武者・赤武者

このような大坂方を迎え撃ったのが、紀伊浅野勢の亀田《かめだ》高綱《たかつな》と上田《うえだ》宗箇《そうこ》（重安）らである。このうち亀田高綱は、「其内の大将、白さぎ（鷺）のみ（蓑）の毛の具足・羽織、同みの（蓑）毛のたおいりけさ（袈裟）や下知致し」（『大坂陣山口休庵咄』）という白武者の姿と表され、もう一方の上田宗箇（関ヶ原の戦い後、浅野氏の家臣）も、茶人で著名な武将であり、「黒具足に黒きほろ（母衣）かけたる小男、団右衛門にかけ合、上田宗古（箇）と名乗」（『大坂陣山口休庵咄』）とある。浅野勢の両雄は、まさに「白武者」と「黒武者」という対照が鮮やかな武者のいでたちであった。

さらに次の記載もある。これには「赤武者は、鑓をもって亀田高綱の甲《よろい》の上を二回、三回と思いっきりに叩き、十文字に胸板を突いて、くるくると回って膝を折り、または左の脇坪《わきつぼ》（鎧の空隙部分）

を突き、うつ伏せに伏せた時、亀田の家来菅野兵左衛門が来て、刀を抜いて、彼（塙）の首を取ろうし、臥せながら抜打ちした。菅野兵左衛門は左足の甲を思いっきりに斬りつけ、さらに亀田家臣の菅野加右衛門が彼者の上に打ち乗り、鑓を首筋に突き立て、菅野兵左衛門に首を取らせた」（「亀田大隅守高綱泉州表合戦覚書」）とある。

大坂方の塙団右衛門は、ここで「赤武者」とも表記されたが、塙団右衛門が樫井方面へ出撃した時の風情は、「くろくそくとりけのはおり（黒具足鳥毛羽織）」であった（『浅野家文書』）ともある。きらびやかな色の武者たちによる戦闘が実際にあったのか否かはそれほど定かではないが、人々の記憶に残る戦闘であったことは間違いなかろう。

塙団右衛門の戦死

かくて夏の陣の前哨戦であった樫井の戦いは、大坂方の敗北に終わった。「塙団右衛門・蘆田《あしだ》作内《さくない》（宇喜多氏の旧臣）・米田《よねだ》興季《おきすえ》（細川氏の旧臣）・横井治右衛門・山内権三郎らはじめ、合計一二騎の物頭《ものがしら》（指揮官）と雑兵《ぞうひょう》の数人が討ち取られた。上田宗箇と亀田高綱、ことさらの手柄であり、その高名を上げた。とくに塙団右衛門は上田宗箇が討ち取った」（『駿府記』慶長二十年四月晦日条）との結果であった。

現在、樫井川の明治大橋付近（現泉佐野市）の土手沿いには、「大坂夏の陣　樫井古戦場跡」の石碑が建ち、塙団右衛門の墓（五輪塔）なども、同地付近（現大阪府田尻町）に残されている。なおこの墓は、寛永八年（一六三一）、紀伊藩士によって建立されたとされる。

樫井の戦い後、浅野らの軍勢は和泉国へ進撃した。このうち五月四日、浅野忠吉（紀伊新宮城主）と浅野氏次《うじつぐ》（当主長晟の部将）が連署し、吉田九右衛門（忠吉の家臣）へ宛てた書状によると、「紀伊の軍勢（浅野勢）が、もし桑山元晴《くわやまもとはる》知行所内の尾崎村（現阪南市）で、乱妨狼藉《らんぼうろうぜき》を行うようならば、彼らを逮捕し、人を付けて我らの方まで送還しなさい」（「吉田家文書」）とある。紀伊から大坂城を目指して進撃した浅野勢は、このように和泉の尾崎村を中心とする地域において、紀伊の浅野軍勢が不法な行動を起こすことを想定し、それを厳しく取り締まった。先述した大坂方の籠城に連動した一揆勢の動きを考慮しながら、浅野長晟の軍勢は、和泉国を制しながら、大坂城を目指したのである。

3　戦闘の本格化

道明寺口の戦い

四月末から、和泉国の樫井周辺では、前述のような両陣営の戦闘が行われた。上洛中の家康や秀忠の軍勢が動いたのは、五月五日のことである。この日、家康は二条城を、秀忠は伏見城を発ち、ともに淀川筋に南下し、淀（現京都市伏見区）を過ぎた八幡（現京都府八幡市）あたりから進路を左にとり、高野街道を南下した。同夜、家康が河内の星田《ほしだ》（現大阪府交野《かたの》市）、秀忠は砂《すな》（現大阪府四条畷市）に着陣した（『駿府記』慶長二十年五月五日条）。

これに対する大坂方の軍勢は、五月六日、道明寺（現大阪府藤井寺《ふじいでら》市）や八尾《やお》（現大阪府八尾市）の

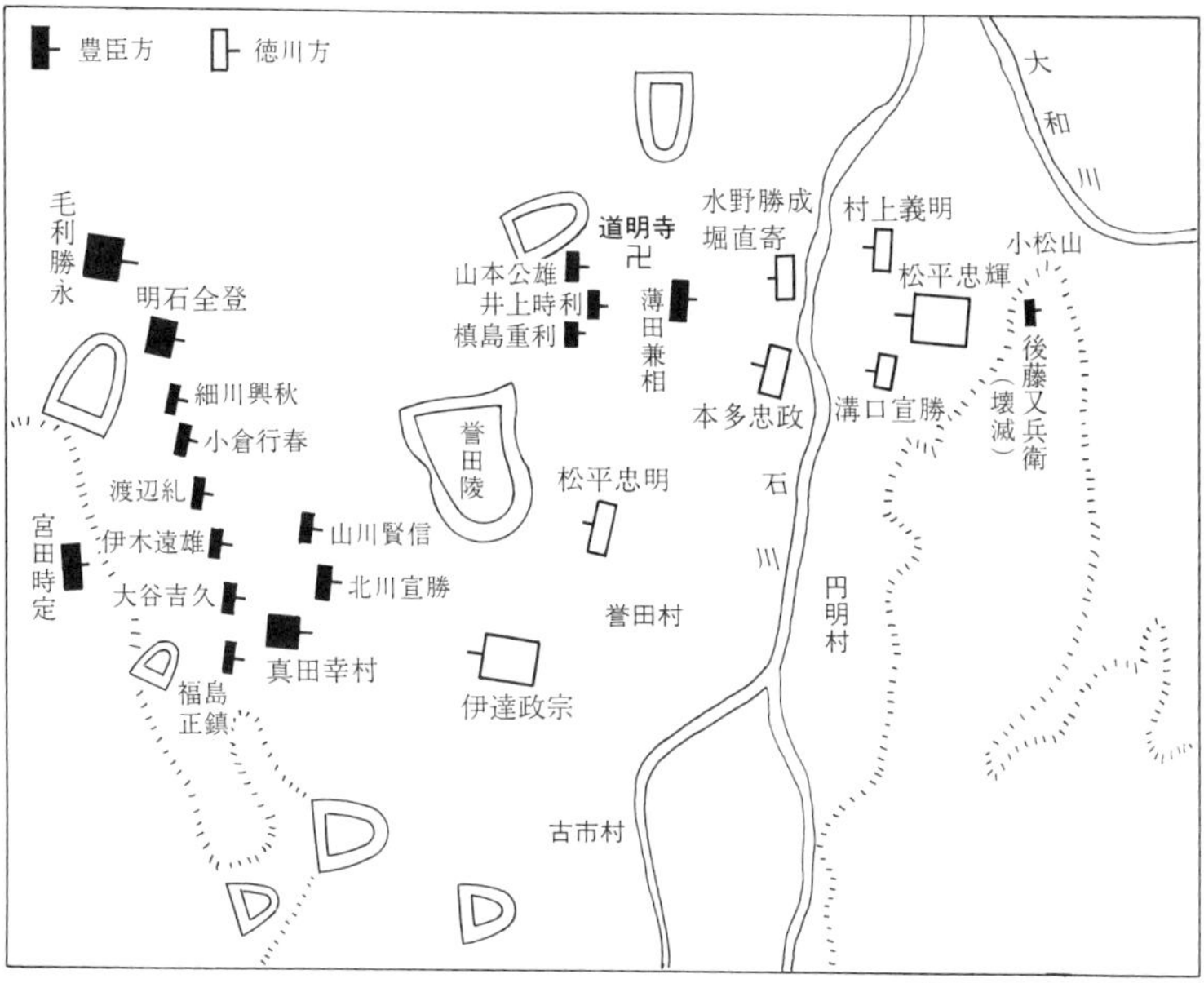

37── 道明寺の戦い

近辺まで出没するようになったとされる（『駿府記』五月六日条）。徳川方の記録によると、「大坂方は適切な場所を確保し、その数も減らず、逆に増すばかりである。そのため先陣の藤堂高虎や井伊直孝に、時宜をみてこれを追払うよう命じた」とあり、さらに「秀忠様の軍勢は枚岡《ひらおか》（現東大阪市）まで進撃したとのことであり、家康様も急に出陣し、砂の近所に到着した」（『駿府記』慶長二十年五月六日条）ともある。

両軍が布陣した地域は、大坂城から東北および東南約三里（約一二キロ）の方向にあった。この他、徳川方には、奈良周辺へ集結する軍勢もあり、水野《みずの》勝成《かつなり》・本多《ほんだ》忠政《ただまさ》・松平忠明《まつだいらただあきら》・伊達政宗らの総勢三万四六〇〇騎である。これらの軍勢も、家康・秀忠と同様、五月五日、奈良を発ち、大和と河内の国境である関屋《せきや》（現奈良県香芝《かしば》市）や亀の瀬の二峠を越えて、河内の国分《こくぶ》（現大阪府柏原市）付近に着陣した。

すなわち徳川方は、全軍を二分させて、一つをこのように大和路（奈良方面）を迂回させて道明寺へ向かわせた。残る一つは前に述べた家康・秀忠の軍勢で、彼らは京都から淀川筋を経て、淀あたりで進路を河内路にとり、南下しながら八尾・若江《わかえ》（現東大阪市）方面に集結する作戦をとったのである。まさに大坂城の東方と南方から包囲する形をとった。

大坂方も、このような徳川方の作戦に呼応する形をもって、軍勢を進撃させた。したがって河内の道明寺口や八尾・若江において、両者の戦いが開始されたのはこのような事情からであった。

山地を利用しようとした大坂方

道明寺口は、大坂城から東南へおよそ五里（約二〇キロ）の場所にある。東は大和国と接し、奈良から堺へ通ずる街道と、紀伊国から山城国へ通ずる街道が、ここで交差して十字形をなす要衝の地である。大和国と河内国の国境地帯は生駒《いこま》山から葛城《かつらぎ》山・金剛《こんごう》山にいたる一帯の連山によって区切られて、その交通路は、いずれも山頂越えであった。河内国の国府の名に違わぬ場所で、周囲は巨大な古墳が点在し、まさに大坂湾と奈良盆地を至近距離で結ぶ土地柄である。この地まで来ても、大坂城の存在が意識されるので、改めて秀吉の想定した伏見・大坂城を拠点とする「首都圏」の壮大さを実感する。

徳川方としては、家康・秀忠の京都方面軍と奈良からの軍勢を、道明寺や八尾あたりで合流させた後、そこから平野や住吉方面まで進撃させるなど、まさに大坂城南部の地において、一大野戦を仕掛ける作戦をとった。このような作戦には、平野や住吉という水運や海上交通の拠点を抑える目的もあったからである。

大坂方の動きは、このような動きに対応するものであることが、樫井の戦いの前に堺を焼失したことからも知れよう。大坂方が道明寺の地にこだわった理由もないわけではない。後藤又兵衛は、「大坂城はすでに堀が埋められて防ぐ方法がない。また平原で迎え討つにしても、老練な家康を破るのは難しい」ことを想定し、「徳川方が必ず大和路から来ると思うので、少数で大軍を迎え討つには、この天嶮《てんけん》を利用するのがよい。山地の狭い場を利用して戦えば、勝つことができよう」と提言したからともされる。

大坂方も、道明寺口での戦闘を想定しており、もし先陣を破ることができれば、「その他の軍勢も必ず奈良・郡山へ退き、再来するにしても数日はかかるであろう。その時はまた臨機の作戦があろう」と考えたようである。このような後藤又兵衛の意見に対し、真田幸村や木村重成が賛成したものらしい。

たしかに道明寺周辺は、大和川と石川が合流する地で、北と南から山が迫り、平野《へいや》はわずかしかない。このため大坂城方面への道を遮断するために抑えることが容易であり、同地を訪れてみると、後藤又兵衛の提言も充分に説得力がある。

後藤又兵衛と薄田兼相の戦死

大坂方の作戦は、以上のようなものであったが、戦闘の実態は、五月六日の「今朝巳の刻（午前六時頃）、道明寺辺りで、木村重成・同主計・山口弘定・後藤又兵衛らの軍勢一万騎余りが出撃した。彼らは井伊直孝の軍勢としばらく戦うと、木《き》村宗明《むらむねあき》が退いたので、木村重成・山口弘定をはじめ、ほとんどの将兵三百五十余りが井伊直孝の軍勢に討ち取られた」（『駿府記』慶長二十年五月六日条）とある。さらに続けて「わずかに残った軍勢も、玉造口まで退き、また井伊直孝の軍勢は、後藤又兵衛の家臣二人、木村重成の家臣一人を生け捕りにした」（『駿府記』慶長二十年五月六日条）とある。後に述べる八尾・若江の戦いも含まれているが、まさに大坂方の完敗である。とくに「この戦いでは、徳川方の大将である榊原康勝の軍勢は、百三十余の首を取り、神保長三郎《じんぼちようざぶろう》の軍勢も首を取ったが、後藤又兵衛は道明寺辺りで、伊達政宗の軍勢に討ち取られた」とある（『駿府記』慶長二十年五月六日条）。

なおこの地を一望できる玉手山《たまてやま》丘陵が両陣営の争奪地となった。この場所は、近鉄南大阪線の道明寺駅からほど近い場所で、かつては近鉄玉手山遊園地もあったが、現在は大阪郊外のニュータウン地区として閑静な新興住宅地となっている。柏原市の市民公園である玉手山公園内には、後藤又兵衛と部下の吉村武右衛門《よしむらぶえもん》の石碑、さらには夏の陣の戦没者供養塔が建っている。とても四〇〇年前に壮絶な戦闘が行われたことが想像できない平和な地である。

その他、この道明寺の戦いでは、大坂方として奮戦した人物に冬の陣の博労ヶ淵の戦いの不手際によって、「橙《だいだい》武者」と罵られた薄田兼相も参陣した。この時の彼は、「薄田兼相は身長が高く、力持ちであるから三尺三寸の太刀を帯びて、誰よりも軍勢の先に出て、敵方の周辺を払いのけたので、東国勢もその他の者には目もくれず、彼だけに攻め込んで薄田一人を討ち取ろうしたが、その鎧も丈夫で裏にかかる矢もなく、鉄炮の上手な者には近づいて斬り殺す、また力強い者がいれば、綿噛《わたがみ》をつかんで鞍《くら》の前輪に引きつけて首を落としてしまう」（『難波戦記』）との奮戦ぶりが伝えられる。しかし「薄田は大野治胤に呼ばれている間に出陣が遅れ、戦場に着いた時はすでに後藤又兵衛が討たれた後であった」（『難波戦記』）との表記もあり、ここでも彼の奮戦ぶりも虚しく、同地で戦死してしまう。

38── 玉手山周辺

39── 後藤又兵衛

道明寺の戦いの敗因として、当日は深い霧があったため、大坂方の軍勢が集結する時間が一致していなかったことがよく挙げられる。真田幸村・毛利勝永らの軍勢は、道明寺に集結するのが遅れ、そのために後藤又兵衛や薄田兼相らが戦死したとする見解である。このあたりの真相を明らかにする確かな文献はないが、大坂方の軍勢は、徳川方のそれに比すと、緊密な連携意識がなかったことはたしかであろう。この時、遅れた真田幸村・大助父子らの奮戦ぶりが見事なものとする記録があり、これと戦った伊達政宗らの軍勢の被害が甚大《じんだい》で、自軍の攻撃を中止せざるを得なかったともされる。まさに真田幸村の伝説によるものであるが、後藤又兵衛や薄田兼相という武将を失ったことはたしかであり、大坂方とすれば大打撃であった。

八尾・若江の戦い

このような状況については、五月六日の早朝、「道明寺方面の八尾と久宝寺には、木村重成・後藤又兵衛・村井左近・薄田兼相・山口弘定、その他、本参・新参・小身者にいたるまで、思い思いにこの方面へ向かった」（『大坂陣山口休庵咄』）とあり、大坂城から道明寺方面へ出撃した木村重成と長宗我部盛親らの軍勢は、道明寺方面へ赴く前、徳川方の井伊直孝や藤堂高虎の軍勢と戦うことになった。

「家康様の進撃する大和路には、木村重成・山口弘定・薄田兼相らを大将として派遣し、それに従う兵が六万騎」（『大坂物語』）とあるように、すでに五月二日、秀頼の命令で木村重成は、山口弘定・内藤忠豊《ないとうただとよ》らとともに大坂城を発ち、道明寺方面の徳川方からの攻撃に備えるため、周辺各地を視察していたのである。つまり家康や秀忠らの軍勢に対するため、五月六日午前五時、六万余りの木村らの軍勢が若江の地に達した。

道明寺口の戦いと同じく、五月六日未明、こうして八尾・若江の地でも、激しい戦いが行われた。同地は道明寺の地からは北方へ二里（約八キロ）、大坂城から東方へ二里（約八キロ）の距離にある。八尾と若江の両村は、一里程（約四キロ）の距離にあったが、その間には、西郡村《にしごおり》（現八尾市）や萱振村《かやふり》（現八尾市）があり、若江村の北には岩田村《いわた》（現東大阪市）があった。現在の地勢によると、近鉄奈良線の若江岩田駅から南下し、近鉄大阪線の近鉄八尾駅に至るあたりである。さらに八尾村の西には、川を隔てて久宝寺村《きゆうほうじ》（現八尾市）があり、この久宝寺や平野郷（現大阪市）を経ると、大坂城に至る。長瀬川や玉串川、あるいは平野川、高野街道・奈良街道、立石街道、十三街道《じゆうそう》をはじめ、多くの河川交通や陸上交通の利便性を含めると、ここも大和国や紀伊国から大坂城へ至る要衝の地である。

さらに「道明寺方面の平野筋には、長宗我部盛親を派遣し、その後詰《ごづめ》（先陣の後方に待機している軍勢、予備軍）には真田親子を当てた」（『大坂陣山口休庵咄』）とあり、同地は平野《ひらの》を経て道明寺にも続く地であり、大坂城を守備するには必要な場所であった。あるいは「秀忠様の進撃する平野口《ひらのくち》には、後藤又兵衛、長宗我部らを大将にして七万騎」（『大坂物語』）とあり、長宗我部盛親らの軍勢も、大坂城を出て、久宝寺を経て、八尾方面へ出陣するなど、淀川方面から進撃する家康・秀忠の軍勢に対するものであり、奈良方面から道明寺へ至る軍勢の動きも想定していた。

五月六日の早朝、「徳川方の先陣である井伊直孝・藤堂高虎・松平忠明・本多忠政は、三万余騎の

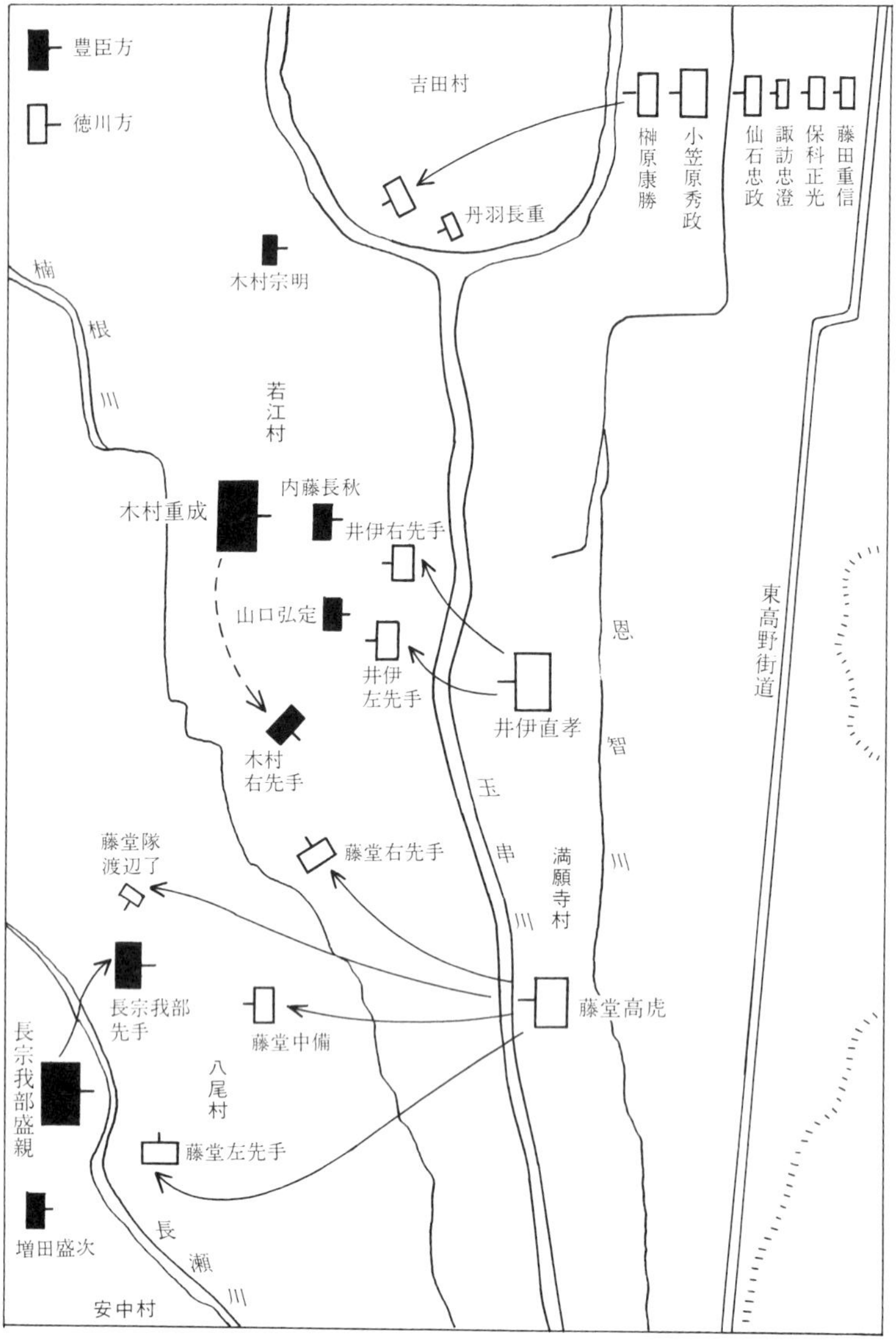
豊臣方
徳川方
吉田村
榊原康勝
小笠原秀政
仙石忠政
諏訪忠澄
保科正光
藤田重信
丹羽長重
木村宗明
楠根川
若江村
内藤長秋
木村重成
井伊右先手
山口弘定
井伊左先手
井伊直孝
木村右先手
恩智川
東高野街道
玉串川
満願寺村
藤堂隊渡辺了
藤堂右先手
長宗我部先手
藤堂高虎
藤堂中備
長宗我部盛親
八尾村
藤堂左先手
増田盛次
長瀬川
安中村

40—八尾・若江の戦い

軍勢で進撃し、天地にも響くばかりの暴音を三回も鳴らした」(『大坂物語』)とあり、両陣営による戦いが開始された。

ここで徳川方は、高野街道から急に方向を転じたが、これをみた大坂方の木村重成の部隊は、軍勢を三分させた。

このうち右翼には青木七左衛門・長屋平太夫らを配し、西郡村の小堤に沿って藤堂高虎の部隊に対峙させた。木村宗明(重成の叔父)を左翼とし、二〇〇人を率いて、岩田村へ出て、奈良街道に備えた。さらに本隊である木村重成の部隊は、若江村の南端に止まり、山口弘定・内藤長秋を、その前方の十三街道に進めて、井伊直孝隊に備えた。

徳川方の藤堂隊の右先陣である藤堂良勝は、同良重《よししげ》とともに、萱振村へ向かった。良重は単騎猛進し、木村重成の右翼へ突っ込み、重傷を負った。さらに良重は部兵を率いて西方へ進み、銃戦を展開、それに乗じて突入し、進退すること三度におよんだが、ついに良勝は戦死し、兵の過半数を失った。木村重成の右翼隊は、大いに奮戦し、藤堂隊を破り、なお追撃しようとするのを木村重成が止めて退却を命じた。

木村重成の戦死

五月六日午前七時、木村重成方の軍勢が近づくや、ようやく井伊直孝の隊も、右先頭の庵原朝昌《いはらともまさ》、左先頭の川手良利《かわてよしとし》らが部隊を率いて進んだ。一方、木村重成の本隊は、玉串川の西方堤上に銃卒三六〇人を配備し、井伊直孝隊を田んぼの細道に誘いこんで襲撃す

41——木村重成の陣所跡（蓮城寺）

42——住宅地に立つ木村重成の像

る作戦をとった。しかし井伊隊の左先頭の川手良利らが玉串川左岸に登ると、他の部隊もこれに続き一斉射撃をすると、木村隊が西へ退き、小堤を井伊隊が占拠した。ここで藤堂隊の良利は、単騎敵中に突入し、戦死するが、これをみて井伊の重臣庵原朝昌ら一〇〇〇の兵が一斉に進撃した。双方が激突して互いに多くの死傷者を出すが、やがて木村隊が敗走し始めた。

この場面については、「井伊直孝の軍勢が攻め込み、互に堤を隔てて鉄炮を打ち合い、互いの負傷者が数多く出ると、敵味方が入り乱れて、合戦の火花を散らした。井伊の軍勢には、数度の軍功者が多いので、なぜか勝ちに乗じて追いかけてしまう傾向があった。対する木村の軍勢も負傷する者が多く、山口弘定や新十朗も討ち取られたが、木村重成も一〇〇メートルばかり退いた。その時、木村勢から八人ばかりの武者が出て、各自が名乗った。しかし敵の数も多く、彼らは即座に斬り殺された。さらに木村の軍勢に、追い討ちをかけたが、堤の許に身を隠して、息を休めていた武者がいた。この男こそが大将であろうと思い、討ち取ったところ、まさに木村重成であった」(『豊内記』)との記録がある。

戦闘シーンは、このように生々しいものもあるが、敗走するなか、木村重成は制止する家臣を払い退けて前進し、庵原朝昌と戦い、ついに西郡村の堤上で討ち死にした。安藤長三郎という者が重成の首を取ったとされる。

43──若江にある木村重成の墓所

このようにして木村重成は戦死したようであるが、攻防戦が繰り広げられた地とされる玉串川や現在の第二寝屋川《ねやがわ》の周辺である八尾市幸《さいわい》町の公園内には、「木村重成奮戦の碑文」や木村重成と山口弘定の「墓所」がある。近隣の地である東大阪市若江の蓮城寺《れんじょうじ》は「木村重成の陣所跡」に程近く、彼を祀る位牌堂もある。さらに付近の住宅地の一角には「木村重成像」もあり、この辺りが激戦地であったと思われる。なお堤をめぐって攻防を繰り広げた玉串川は、現在は、大阪近郊の住宅地の小さな川となっている。

4　最後の決戦と牢人狩り

五月七日の決戦へ

五月六日、大坂方はこのようにあえなく敗北を喫したが、さらに「明けて七日の早朝、大坂方の軍勢、約一八万余騎は大声をあげながら、二手に分かれて、家康様や秀忠様の陣所へ突撃した」（『大坂物語』）とある。これに「対する徳川方の軍勢も、三〇万騎のすべての者が『ここで退いては、誰も再び両御所とお目にかかることができない』といいながら奮戦した」（『大坂物語』）とある。

さらに大坂方の軍勢は、「今日、討ち死にしなければ、何処へ逃げても日本の内にはいることはできず、ましては身を隠すところもなかろう」（『大坂物語』）と思い切ったことをいい、徳川方の軍勢を圧倒する勢いであった。大坂方の捨て身の奮戦によって、五月七日、いよいよ決戦の日を迎えた。

実際、徳川方の軍勢は冬の陣と同様、家康は天王寺口、秀忠が岡山口の指揮を執り、天王寺口の先鋒は、本多忠朝《ただとも》（上総大多喜《おおたき》城主）が担当し、岡山口は前田利常（加賀金沢城主）が守備した。その総勢は一五万五〇〇〇名とされるので、大坂方の一八万余りの数値もおそらく誇張されたものであろう。

五月七日付の細川忠興書状（宛所は省略、『綿考輯録《めんこうしゅうろく》』）によると、徳川方は大坂から飯守下《いいもりした》（現大東《だいとう》市の飯盛山麓）と大和口方面に分けて、合計六、七万人ほどの軍勢が出撃したが、この内の藤堂高虎勢をはじめ、井伊直孝や本多忠朝の軍勢も、勇猛果敢に戦ったので、大坂方の大将クラスの武将である木村重成・後藤又兵衛・薄田兼相らが戦死したことが知られる。木村らは、やはり道明寺や八尾・若江の戦いで戦死したのである。

さらに同書状によると、五月七日の午の下刻（午後一時）、徳川方は、大坂城に攻め込みながらも、軍勢七、八万が茶臼山から岡山にかけて陣を張った。そのうち徳川方では、飛驒者が強引な出撃を行ったので、数刻（数時間）の間、互いに譲らない激しい戦いとなった。軍勢の多い徳川方がいずれは勝利すると思われたが、徳川方では本多忠朝が戦死し、小笠原秀政（下総古河《こが》城主）も負傷しており（その子忠脩《ただのぶ》は戦死）、容易に大坂方が敗北したわけではなかった。そのため細川忠興は同書状で、「鉄炮頭三人とその他、小姓ばかりを連れて大坂へ向かいます」とも述べた。この日の戦闘では、多勢の徳川方が容易に勝利できたわけでもなく、大坂方の奮戦ぶりが目立ったのである。しかもこれが軍記物の記載ではなく、細川忠興の書状によるものだけに、信頼できる内容である。

こうして五月六日に起きた道明寺や八尾・若江の戦いを経て、翌日の七日、大坂方は、大坂城を拠点として徳川方と戦い、その奮戦ぶりをいかんなくみせつけたのである。しかし同書状では、大坂城の天守閣は申の刻（午後四時頃）には火災となり、残らず消滅ともある。

平野をめぐる戦い

ところで、大坂城が炎上する前には、平野郷での戦闘があった。これについては、枚岡《ひらおか》へ宿営していた家康は、五月七日の午前四時、枚岡の宿営を出て、十

44── 平野郷環濠跡（杭全神社境内）

時には平野に到着した。一方の秀忠も、午前二時に千塚《せんづか》（現八尾市）を発ち、途中、若江・八尾の激戦跡を視察してから、平野に赴いた。

この平野とは、中世の堺などとともに、自治と自衛のため、堀と土塁をめぐらし、いわゆる「自治都市」として繁栄を誇った地（平野郷）である。この平野郷は、俗に「環濠《かんごう》集落」とも呼ばれ、現在でも、杭全《くまた》神社の東北部と、赤留比売命《あかるひめのみこと》神社の背後にその面影を残している。この時の平野郷の堀は、平野川や大和川を経由し、大坂城や大坂湾にも直結していた。さらに堀の間には大小一三の木戸口があり、摂津・河内・和泉各方面へ道路が放射線に延びており、このうち「樋ノ尻口門」などは、奈良街道（大和路）や久宝寺、八尾にも連なるもので、木戸としても大きいものである。まさに平野郷は、畿内における水陸交通の要衝であり、秀吉の朱印船貿易に活躍した末吉家も同地出身である。

真田幸村は、五月七日に徳川家康が平野郷の「樋ノ尻口《ひのじりぐち》」を通過することを予測し、この地蔵堂に地雷を仕掛けた。予想通りに家康は同地を訪れたが、たまたま家康が席を立った時に地雷が爆発し、失敗に終わった。この時、地蔵尊の首だけが付近の全興寺《せんこうじ》の境内へ飛んできたとの伝承もある。

ともかくも平野郷をめぐる両陣営の戦いがあり、そのうえで徳川方では会議がなされ、家康が天王寺口、秀忠が岡山口を陣所に定めた。

茶臼山と岡山の戦い

大坂方は、いよいよ「茶臼山（天王寺口）から岡山口」において陣を張った徳川方と決戦することとなった。

しかしこの籠城戦は、先述した細川忠興が書状でも語ったように、すでに勝負の行方は決まっていた。とくに最後の「一時之内ニ天下太平ニ成申候（瞬く間に天下太平の世になりました）」との言葉は興味深い。これが諸大名の偽らない心境ではなかろうか。

徳川方の陣営は決まったが、対する大坂方は、茶臼山に真田幸村、続いて毛利勝永が四天王寺に、さらに大野治長はその東に連なって天王寺口を固めた。徳川秀忠が陣を張る岡山口は、大野治房が諸隊の指揮を担当することになった。なおその他の軍勢は、茶臼山および天王寺に駐留した。七日の夜明け前、治長は茶臼山に来て軍議をしたので、天王口が主戦場となった。

このような状況は、「五月七日、茶臼山に真田左衛門佐（幸村）、赤旗備にて、天王寺表岡山東まで、箕手になり備立たり。この時秀頼公軽き大将にておわさば、未明に先手へ出馬有って、味方の機を勇め、下知あらば、諸軍勢も勇気出来て、勝負は時の運により、たとえ敗軍に及ぶとも、天王寺鳥居の前に床机をすえ、死を極めいまさば、いかなる弱兵もいかで見捨逃るべき、されば古今に比類なき一戦あって前代未聞なるべきを、出馬遅々にて、僅《わずか》に馬印ばかりを使番などに持たせて、八丁目へ遣わし、自身はようやく二ノ丸までゆるぎ出させられ、時刻移れば滅亡を急がるると見えり」（『山本豊久

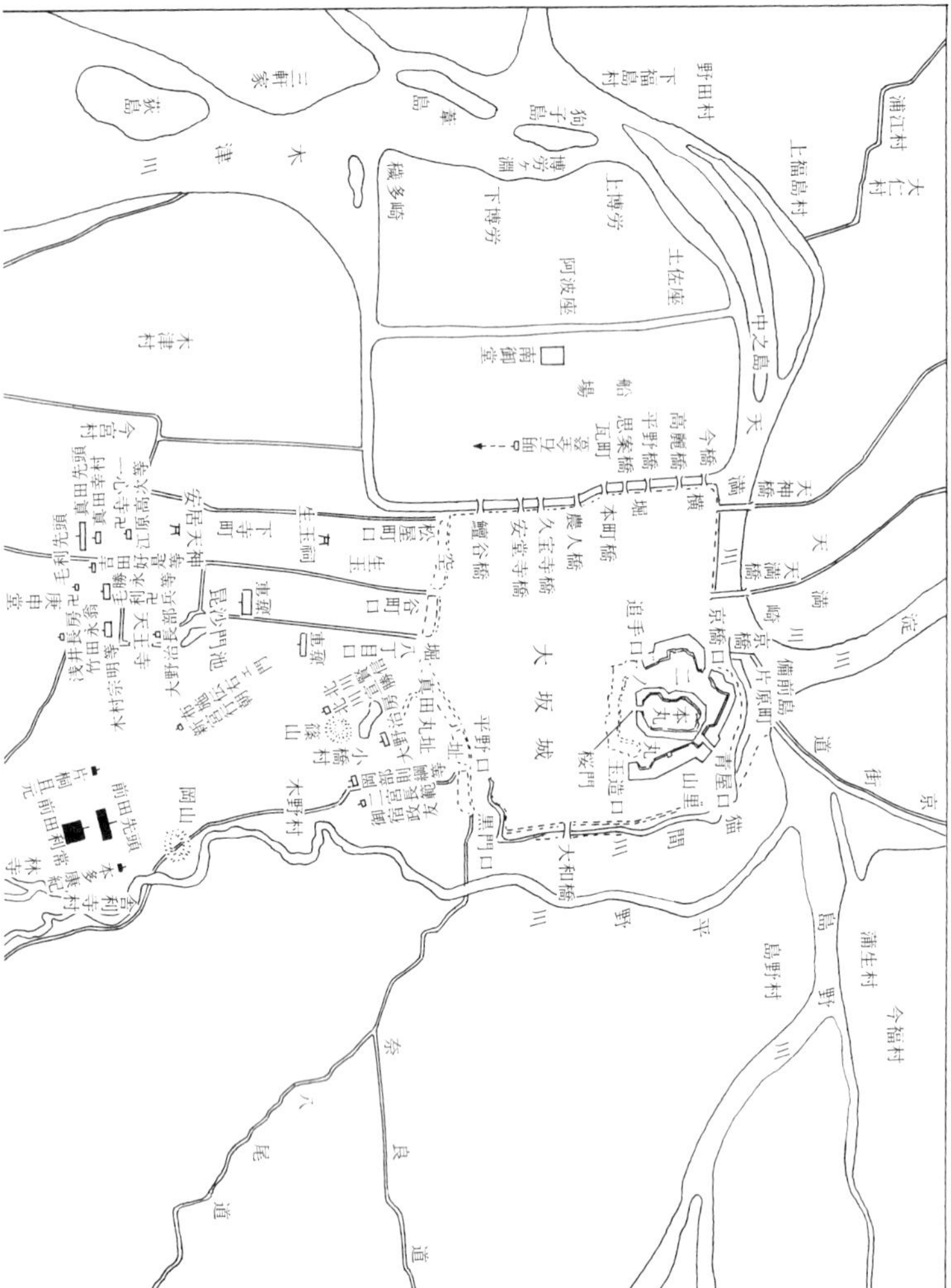
大坂城
本丸
二丸
桜門
玉造口
青屋口
京橋口
追手口
平野口
黒門口
山里
猫間川
大和橋
平野川
京橋
備前島
片原町
天満川
天満橋
天神橋
天満
淀川
京街道
鴫野村
鴫野川
蒲生村
今福村
中之島
土佐座
阿波座
上博労
下博労
博労ヶ淵
狗子島
葦島
三軒家
狄島
木津川
穢多嶋
上福島村
下福島村
野田村
浦江村
大仁村
木津村
今宮村
南御堂
船場
今橋
高麗橋
平野橋
思案橋
本町橋
農人橋
久宝寺橋
安堂寺橋
鰻谷橋
横堀
空堀
松屋町口
谷町口
八丁目口
生玉
生玉祠
下寺町
安居天神
昆沙門池
天王寺
真田丸址
篠山
小橋村
木野村
岡山
庚申堂
奈良道
八尾道

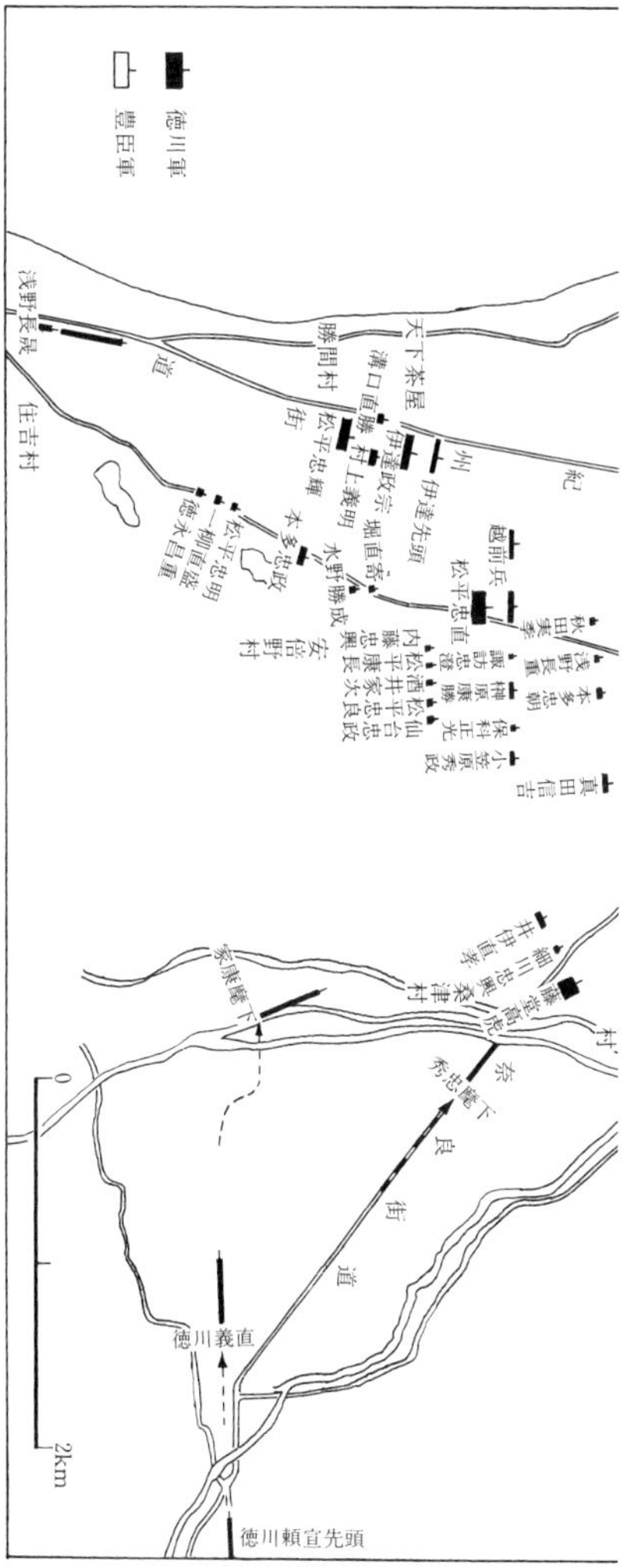

45——大坂夏の陣両軍配陣図

私記』）との記録がある。これによると、大坂方の士気を鼓舞するため、真田幸村は秀頼に出馬することを要請したが、それも叶わず、ようやく桜門に至っただけであった。これは真田幸村をめぐる逸話の類いであり、現実にあったことであるかは定かではない。

ともかくこうしていよいよ決戦の日を迎えた。この戦いについては、五月八日付の酒井忠利（武蔵川越城主）ら他四名宛ての板倉勝重書状（「徳川美術館所蔵文書」）が参考になろう。これによると、五

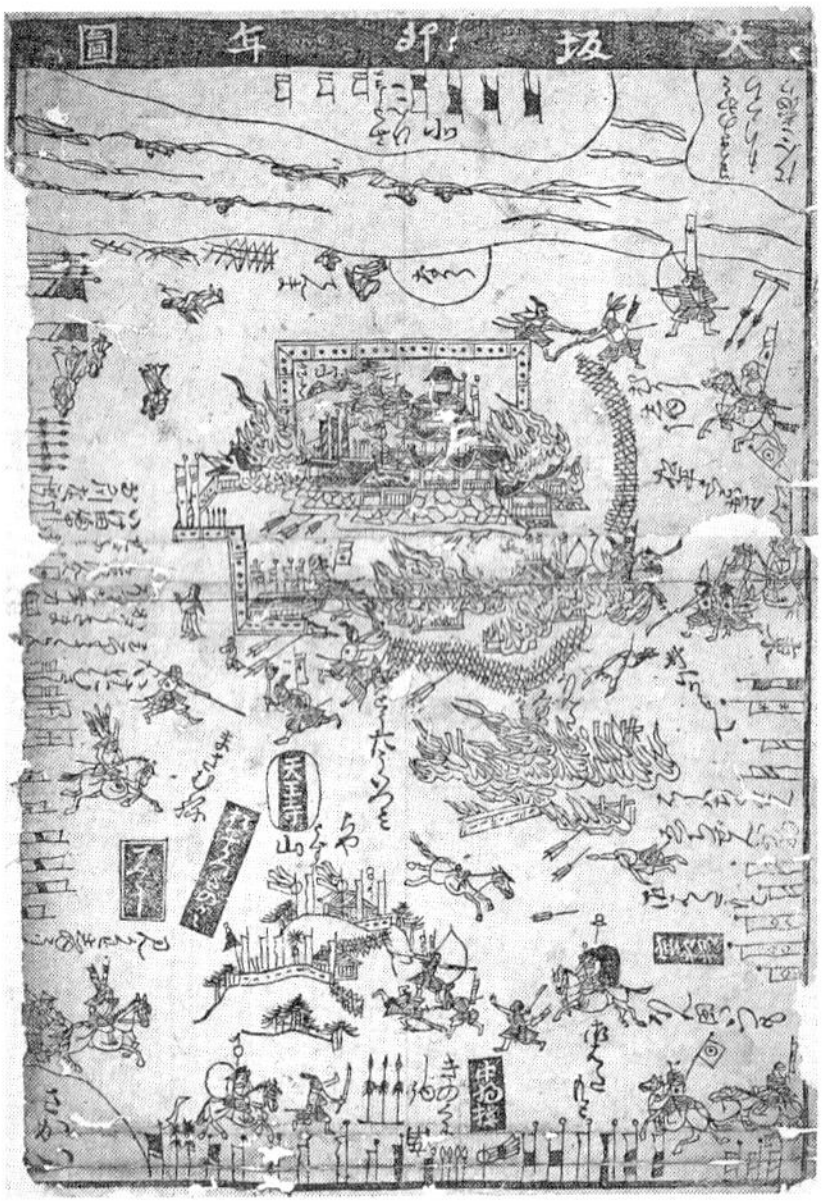

46── 大坂卯年図

月六日に先鋒隊による合戦が行われ、その日の夜に、徳川方は大坂城の惣構まで迫った。そして翌七日の早朝から両陣営の激しい戦闘が行われ、昼頃までには大坂城が落城したようである。この戦闘において大坂方の名のある武将たちはみな討ち死にしたとも記されており、板倉勝重は秀忠の重臣に対し、「天守閣も炎上したとの報告もあるから、そのつもりでいなさい」と述べており、道明寺や八尾・若江、さらには平野郷をめぐる戦いのことも述べ、さらに続けて、「このように早く決着がつくとは思いませんでした。急な良い知らせとは、まさにこのことである」ともある。板倉勝重は勝利を確信し、そのうえで「昨日（五月六日）の昼頃から本日（五月七日）の四つ時分まで、火の手がここからでも見えました。後藤又兵衛・明石全登・真田幸村、いずれの者もすべて討死した」とも記した。こうして真田幸村らの戦死をもって、ほぼ夏の陣の戦闘は終了したのである。なおこの書状では、大坂城から敗走した軍勢を「山崎口か吹田道」の辺りで逮捕するよう命じた。さらにその「落人は一万や二万も京都への道に来ることでしょう」とも想定した。実際、落城後の京街道には、大坂からの落人が一万も二万も来る可能性があった。落城後のごった返している様子を伝えるものであるが、すぐに徳川方は、大坂周辺の治安対策に乗り出したのである。

合戦の様相

落城をめぐる状況はきわめて緊迫したものであったが、徳川方として出陣した伊達政宗も、五月八日付で仙台留守居の家臣に同じような状況を伝えた（「鈴木〈格〉文書」）。これによると、五月六日、伊達政宗ら徳川方は、大和や大坂から一万四、五千の人数で出撃し、大坂方とは道明寺で合戦することになり、大坂方の三百余人を討ち取ることができた。同じ書状において、政宗は、家康と秀忠が茶臼山などに陣所を設けて、大坂城を総攻撃したとある。この結果、政宗の軍勢は千余人ほどの首を取ったが、ここでは「大坂城が炎上し、秀頼らその他の者がすべて死亡した」とも記した。五月七日に茶臼山から大坂城にかけて激しい戦闘があり、ようやく大坂城が炎上し、秀頼らも死亡したことが知れよう。徳川方としても、それほど楽な戦闘ではなかったようである。

落城直後の五月十一日付の細川忠興書状でも、忠興は、「大野治長の軍勢が弱いのは仕方ないが」としながらも、「真田幸村・後藤又兵衛の奮戦ぶりなど、古今に無きことであり、木村重成・明石全登も大活躍し、六日に討ち死」（『綿考輯録』）と記した。これまで逸話として語られてきた真田幸村らの勇者ぶりは、すべてが後世に創造されたものではなく、たしかな事実もあったのである。

このうち真田幸村の活躍ぶりは、六月十一日付の細川忠興書状（『薩藩旧記雑録後編』）でも確認できる。これによると、真田幸村らの軍勢は、家康の陣を二度までも追い崩し、そこにいた家康の軍勢を三里ほども後退させる場面もあったが、ついに三回目には自らが討ち死にしたようである。幸村が家康の陣所を襲撃したことは真実のようである。

なおこのような戦闘直後の書状においてでも、忠興は、真田幸村の首を取ったのは松平忠直の鉄炮頭ではあるが、これは幸村が負傷したうえ、疲労して倒れていたところを取っただけであり、何の自慢にはならないと述べている。しかも真田幸村の襲撃に対し、忠興は徳川方の軍勢には、「平野や久宝寺・飯守まで逃げたる者もいた」とも記した。やはり真田幸村らの猛攻に対し、家康の家臣らが平野・久宝寺まで一目散に逃げ延びたことも事実であった。

真田幸村の戦死した場所は、諸説あるようで、このうち真田丸付近で、宰相山公園内に鎮座する三

47──真田幸村像（三光神社）

48──最後の合戦を挑む大坂方
（『大坂夏の陣図屏風』）

光神社境内の「真田の抜穴」の脇には、真田幸村の銅像が建てられている。また茶臼山の北にある安《やす》居《い》神社（現天王寺区逢坂《おうさか》上之町）にも、「真田幸村戦没之地」という碑が建てられている。

このように道明寺や八尾・若江の方面において、まず両陣営による激しい戦いがあり、これに勝利した徳川方の先鋒隊は、五月六日の夜には平野郷から大坂城の惣構まで迫った。翌七日には早朝から両陣営の間で激しい戦闘があったが、すでに昼頃からには大坂城が落城し始め、名のある武将もすべて討ち死にし、天守閣も炎上したようである。しかも板倉勝重の書状には「後藤又兵衛」「明石掃部《かもん》（全登）」「真田幸村」と具体的な名が挙げられており、彼らも全員討ち死にしたことが確認でき、大坂落城後の落人の状況まで報告された。巷間《こうかん》伝えられる軍記物の内容ではなく、現場にいた板倉勝重や伊達政宗・細川忠興の書状だけに、現実の事態をよく伝えるものであろう。

三日間で決した夏の陣

ともかくも最後の戦闘となった夏の陣は、五月五日、上洛中の家康と秀忠の軍勢が動いたことから始まり、徳川方の動きに応じて大坂方も出撃し、六日、河内の道明寺や八尾・若江の地で、両者の軍勢が衝突し、七日の茶臼山の決戦を経て、大坂落城を迎えたのである。ほぼこの三日間で夏の陣は終了したことになろう。冬の陣と比べると、圧倒的に短い時間の戦闘であったが、大坂方の戦死者だけでも、二万人弱とも推測される。双方の陣営の戦死者をカウントしただけでも、それほど簡単に終わった戦闘ではなかったことが知れる。とくに五月七日の決戦では、正午頃、天王口の大坂方の毛利勝永隊と徳川方の本多隊の間で火ぶたが切られ。日本合戦

京都
二条城
伏見城
高槻
摂
津
山
城
枚方
寝屋川
淀
川
西宮
尼崎
奈良
大坂城
若江
郡山城
法隆寺
大
和
八尾
堺
道明寺
河
内
貝塚
和
泉
泉佐野
樫井

49── 大坂城周辺図

史上最大ともいうべき激戦が展開された。

この激戦については、「慶長二十年五月七日、大坂城が落城した。籠城した人数は一五万人ほどである。これに対する将軍方（徳川方）の軍勢は、約三〇万である。大坂城の大将たちは、真田幸村・後藤又兵衛・仙石秀範・明石全登・速水守久・伊藤（武蔵守ヵ）・青木一重・大野治長・大野治房らをはじめ、何人かの人が死去した」（『東大寺雑事記』）との記録がある。

大坂落城直後の五月九日、本多正純の配下山口直友《やまぐちなおとも》が島津家久へ宛てた書状（『薩藩旧記雑録後編』）でも、五月七日の申の刻には大坂城本丸がほとんど焼失し、翌八日には、秀頼や淀殿などが自害し、さらに激しい戦闘から大坂方の武将や諸牢人もほとんどが死去したと報告した。このように大坂方に加わった人数も、冬の陣よりもさらに増加しており、やはり夏の陣は史上最大ともいうべき戦闘であった。徳川方は夏の陣に向けて、とくに堀の埋め立て事業などを介して、軍団編制を強化することで、大坂方の軍勢を撲滅させることができた。ここにようやく家康は、伏見だけではなく、大坂の地を得ることができたのである。ようやく本格的な日本列島の支配に乗り出すことが可能となった。

落人でごった返す京街道

前述した五月八日の板倉勝重の書状にもあったが、すでに大坂城落城の翌日、大坂からの落人が一万も二万もあり、京街道は、その人数でごった返す状況にあった。

夏の陣直後の五月十二日付で出された秀忠の側近である酒井忠世と土井利勝が連署した書状（『鍋島勝茂譜考補』）によると、徳川方は大坂城の落人が各領国へ落ち延びた場合、「男女や幼い者に限らず」に逮捕し、彼らを京都へ差し出すよう命じた。「船乗り場を厳重に検査することが大切である」ともあり、淀川の水運や大坂湾内の海上交通の重要性を彷彿《ほうふつ》させる。大坂城の立地条件の良さも加わり、逃亡しやすかったのであろう。さらに、落人を隠蔽《いんぺい》することは「重罪」であるとし、入念に探索するよう命じた。落城の直後に出されただけに、きわめて厳しい処置であった。徳川方が完全に同地を掌握するためには、厳しい処置を行い、なおかつ農民らの還住策も怠らなかった。

落城から六日後の五月十四日、家康の側近安藤直次が小林多兵衛《こばやしたへえ》に宛てた書状（「古文書」）によると、「明石全登は枚岡筋へ逃げたとの情報がある」とし、よく地元の人間は相談しながら、彼ら落人を逮捕することを命じた。徳川方の牢人狩りは、すでに落城直後から始まり、大坂方の武将の逃走経路までも掌握したのである。

厳しい牢人狩り

五月九日、崇伝が高野山へ宛てた書状があるが、ここでも、大坂の落人や紀伊の一揆勢の残党は高野山へ逃げ込んだので、必ず捜し捕えて差し出しなさいとある。寺の預物《あずかりもの》（寺宝）も厳重に調査することを命じて、それらを報告することも加えた。最後には「これらは家康様のご意見である」とし、厳重な捜査をすることを示唆した。京都方面への街道筋だけではなく、高野山にも厳しい追及の手がおよんだが、これは樫井の戦いが勃発する前、大坂方と組んだ紀伊の一揆勢が、高野山へ逃げ込んだからである。

秀頼は大坂城で自害せず、何とか落ち延びたとされた島津氏領内にも、当然、厳しい追及の手が伸びていた。五月十六日付で島津氏に宛てた山口直友書状によると、このことは「土井利勝殿と酒井忠世殿から書状によって命じられた」とあり、おそらく先述した五月十二日付の書状が、全国の各大名へ広く交付されたと思われる。

なお厳しい追及を受けた高野山であったが、五月十九日付で落人などを隠していないとの回答を崇伝へ出した。また畿内周辺の大名には、六月十四日付で酒井忠世・土井利勝・安藤重信の連署で「落人詮議《せんぎ》」に関する奉書が出されたが、ここでは「大坂からの落人は、よく入念に調査し、彼らを逮捕して上洛するよう」と命じた。

このような落人狩りとは、大坂方の武将や牢人らを対象にして、彼らを逮捕するだけではなく、「慶長十八年から慶長二十年の春までの間、領国から大坂へ奉公に来た者が居れば、その氏名を記して報告させなさい。今回、再び領国の方へ戻った者がおれば、その者を捕えておきなさい。さらにもしも行方の知れない者があれば、その妻子ばかりを捕えておき、逃げないように命じられた」(『家忠日記』)とも記録された。すなわち徳川氏の方針は、大坂城へ集まった牢人衆を逮捕す

50――落城で逃げ惑う民衆(『大坂夏の陣図屛風』)

るだけではなく、このように牢人狩りを介して、いわゆる身元不明の農民を逮捕することへ変化させていたのである。先述した慶長十九年六月十四日付の連署状は、たしかに大坂周辺の村落にも配布されていた。やはり牢人狩りだけではないようである。

五月二十六日付で毛利領内でも、「今回、大坂城に籠城した者は、老若男女童に至るまで、下々の者たちに農村の各所に隠している者を報告する義務を課し、もしも落人を下々の者までが隠し置くようならば、すべて連帯責任とすること」(『毛利氏四代実録』)との命令が出されており、落人狩りを名目とする在地への支配は強化されていた。

九月十日付でまったく同じ文面で記された酒井忠世・土井利勝・安藤重信の連署による奉書も、佐竹氏や津軽《つがる》氏の東北大名に出された。大坂の牢人狩りが、全国各地へおよんでいたことは注目すべきであろう。大坂の陣が契機となり、徳川政権は大坂や伏見を支配するだけではなく、全国各地への落人狩りを利して、大名領国への支配を強化しようとした。このような全国法令を頻繁に発給することによって、早くも徳川政権は、全国支配への道を歩み出したともいえよう。

なお六月二十一日付氏家元政《うじいえもとまさ》(細川氏重臣)他一五名に宛てた細川忠興の書状(〈年不詳〉、『綿考輯録』)では、大坂の陣に参陣しなかった四国・中国の大名は、その代償として大坂周辺の摂津や河内の堤や痛んだ道などを修理することが命じられるが、これらが「今すぐに命じられることはないが、とても心苦しい心境である」と語った。陣後の徳川方は、大坂の陣に参陣しなかった大名に対し、その労働力を提出することを命じた。ここにも大坂の陣後の牢人狩りの目的が変化していったことがみられよう。西国だけではなく、日本全国の治安対策の一面を担ったものである。こうして大坂の陣を乗り切った徳川政権が得たものは、徐々に大きなものとなっていった。

5 夏の陣の群像

大坂方武将と秀頼

夏の陣に関しても、冬の陣と同様、可能なかぎり大坂方の勇士をめぐる戦闘シーンを再現したが、これらをまとめると以下のようになろう。

塙団右衛門　大名加藤嘉明《かとうよしあき》の家臣。関ヶ原の戦いの軍令違反を咎《とが》められたことなどで、加藤家を退き、他家に仕えるも、牢人となる。夏の陣では、四月二十九日、和泉の樫井の戦いで、紀伊浅野氏の軍勢と戦って戦死した。享年四九。寛永八年（一六三一）、紀伊藩士によって建立された墓所がある（大阪府田尻町）。

後藤又兵衛　夏の陣では河内の道明寺への出撃を主張したが、真田幸村・毛利勝永と連絡がとれず、単独で攻撃を開始し、五月六日、伊達政宗の軍勢と戦い、戦死。享年五六。大阪府柏原市の玉手山公園内に供養塔がある。

薄田兼相　夏の陣の五月六日の道明寺の戦いでは、後藤又兵衛らとともに、水野勝成・本多忠政・

木村重成

伊達政宗の大軍と戦い、道明寺の戦いで、誉田山《こんだやま》付近（現羽曳野市《はびきの》誉田）で戦死。夏の陣では、大坂城を出て、井伊直孝の軍勢と戦い、五月六日、八尾・若江の戦いで戦死する。八尾での戦いが長宗我部盛親と藤堂高虎の軍勢との決戦場であったのに対し、木村重成と井伊直孝の軍勢との決戦は若江の地で行われた。そのため現在の八尾市幸町公園に墓所や「奮戦の碑文」などがあり、さらに同地付近の蓮城寺境内（現東大阪市若江）に「木村重成の陣所跡」も残される。その他、この周辺には木村重成を称える多くの石像物が多くある。決戦に臨んで髪を洗い、香を焚き込み、また臓腑《ぞうふ》が見苦しくないよう、日頃から食事も節制していたとの伝説がある。江戸時代から大坂における彼の人気は高かったが、史実と認められるものはほとんどなく、享年も不詳である。

真田幸村

夏の陣では、五月六日、大坂城から出陣し、大和口の防戦に就き、伊達政宗らの大軍を撃破した。しかし五月七日、茶臼山の戦いで、家康の陣所を二度までも襲い脅かしたが、三度目の越前松平氏の軍勢との戦闘で戦死。享年四九。その奮戦ぶりを徳川方の軍勢は、「真田日本一」と称している。後世、猿飛佐助《さるとびさすけ》や霧隠才蔵《きりがくれさいぞう》などの「真田十勇士」までも創作されるほどの人気者であった。なお戦死直後から、秀頼らとともに、薩摩へ逃れたとの噂が流れた。

真田大助

真田幸村の嫡男。幸昌《ゆきまさ》と称す。父幸村とともに大坂城へ入る。夏の陣の五月七日、茶臼山で越前の松平忠直の軍勢と激闘におよぶ。その最中、父幸村に呼ばれ、大坂城へ戻り秀頼に出馬を請い、側に仕えるよう厳命された。翌八日、炎は大坂城天守を包み、秀頼・淀殿らとともに山里曲輪に追い詰められた。大腿部に深手を負った大助に、毛利勝永は脱出を勧めたが、これを潔しとはせず、父の言葉を守り秀頼に殉じた。弱冠一四歳であった。

毛利勝永

吉政《よしまさ》とも称す。父吉成《よしなり》（勝信）は豊前小倉《こくら》城主であり、秀吉に重用された。関ヶ原の戦いでは、父とともに西軍に加担したので、戦後は失領して肥後の加藤清正に預けられた。その後、土佐の山内氏に仕えたが、その後は蟄居。大坂城では真田幸村・長宗我部盛親とともに「大坂三人衆」の一人として、厚遇を受けた。夏の陣では、五月七日、徳川方の本多忠朝（忠勝の次男、上総大多喜城主）、小笠原秀政（下総古河城主）父子らを討ったが、翌八日、全軍崩壊によって城中に後退する。その後、秀頼を介錯《かいしゃく》し自らも自刃して果てたとされる。一説では享年三八。

明石全登

掃部《かもん》・守重《もりしげ》とも称す。宇喜多秀家《うきたひでいえ》の重臣。生年は不詳。大坂五人衆の一人。父景親《かげちか》と全登は、ともに敬虔《けいけん》なキリシタン。関ヶ原の戦いで主家宇喜多家が敗れたため、牢人となった。夏の陣では茶臼山に布陣し、旧宇喜多家の軍勢を率いて戦い、戦死した。なお大坂落城後、逃亡し、三年後に死亡したともある。

長宗我部盛親　土佐の大名長宗我部元親《もとちか》の四男。天正三年（一五七五）出生。慶長四年家督を継ぎ、二二万石の浦戸《うらど》城主となる。関ヶ原の戦いでは西軍に加わり、戦後は失領。夏の陣では、五月七日、八尾方面へ出陣、藤堂高虎の軍勢と戦うが、井伊直孝の側面攻撃に会い敗走。大坂落城後は、山城の橋本（現京都府八幡市）に潜んでいたが、捕えられ、五月十五日、三条河原で斬首された。享年四一。

大野治長　修理亮とも称し、生年は不詳。母は淀殿の乳母大蔵卿。治房は弟。秀頼に仕え、側近となり淀殿や秀頼から大いに信頼された。片桐且元の信任も得たが、方広寺鐘銘事件で意見が対立。片桐且元が大坂城を出ると、実権を握り、大坂方の中心人物となった。夏の陣の少し前、和睦に反発しての仕業か、刺客に襲われ重傷を負ったといわれた。夏の陣では、落城の際、自ら千姫の退城を企て、秀頼・淀殿の助命に努力するが効果なく、秀頼の自刃に殉じた。豊臣氏の存続に腐心するが、その持論に一貫性がないとされる。

大野治房　主馬と称す。兄治長とは異なり、大坂方の主戦派とされる人物である。夏の陣の四月二十七日、大和郡山城を攻め、二十九日、和泉岸和田で浅野氏の軍勢と戦ったが、敗れた。五月七日、岡山口で、弟の治胤（道犬）とともに将軍秀忠勢に善戦するが、利なく玉造方面へ逃れた。その後、天王寺口を守備した。落城時、秀頼の一子国松丸《くにまつまる》をともない、脱走。京都に潜んでいたが、捕えられ、斬首された。

これまでの諸研究によると、慶長十六年（一六一一）の二条城会見によって、「後継者」として家康の立場が確定したことになる。しかし当時の状況をよく分析すると、この会見によって、両陣営の軍事的な衝突が、何とか避けられたとの見方もできないことはない。当時の状況からすれば、大坂の地を死守している限り、徳川方の全国統治が実現することは不可能であった。「大坂の城にいる秀頼様は前皇帝の子であり、正統な皇帝である」「人民や有力な大名の要望があり、現皇帝の死後、その地位に就くこともある」と記した外国人もいたように、いくら将軍職の世襲化をアピールしても、家康死後の状況はけっして安泰なものではなかったのである。当時の大坂方の感覚からすれば、両陣営の軍事衝突さえ避ければ、現状は維持できるとの思いがあり、これもけっして非現実的なものではなかった。家康さえ死去すれば何とかなるとの思いである。長期にわたり、両陣営の間を仲介した片桐且元の思いなどはこれに近いかもしれない。

秀頼の最期

ともかくも秀吉の死去から始まり、さらに関ヶ原の戦いを経て、諸大名らの関心事は、誰がいかにして秀吉政治を継承できるのかであった。各地の大名からすれば、ようやく戦国争乱の時代が終わり、これ以上新たな政治体制を構築することは望んでいなかったはずである。その意味では、「大坂の城にいる秀頼様は前皇帝の子であり、日本の正統な皇帝である」と、ある外国人が記したように、秀頼は、家康の死後、秀吉政治の後継者に最も相応しい人物であったのかもしれない。そのためか二条城の会見を終えた家康は、慶長十七年に入ると、側近の本多正純・板倉勝重を呼び、さらに江戸の秀忠を交えた「天下の政務」に関する相談を行ったとある。すなわち、徳川方からすれば秀吉政治の後継者問題は、家康在世中に決着させなければならなかったのである。一方の大坂方とすれば、家康の寿命などを考えれば、すでに大名間での多数派工作が開始されて、徳川方が優位であっても、「先延ばし」にした方が得策であった。

秀吉政治の継続

秀吉の死後や関ヶ原の戦い後における政治の流れについては、家康の覇権掌握とか、秀吉政治の刷新とかという「勝者」の立場だけで判断すべきではなかろう。まず天下人としての秀吉政治が成立・展開し、それが秀吉の死後も、秀頼の立場や諸大名の思惑などが絡み合いながら、充分に機能し、政治の流れを左右させていた。ここには大名連合政権として成立した秀吉政治の本質があり、その政治体制のリーダーを失うと、秀吉政治の後継をどのようにするのかという現実な課題が生まれた。たとえ関ヶ原の戦いによって覇権を掌握しても、家康にはまだ克服する大きな問題があったのである。

こうして秀吉の死去から一五年、関ヶ原の戦いから一三年、大きな軍事衝突もなく、各地の大名・寺社や領民、あるいは朝廷勢力まで含めて、しだいに大坂の秀頼対伏見の家康の構図ができあがっていた。当時の大坂方からすれば、さらに「先延ばし」の状態することこそが、「勝者」となる可能性があったと考えたのかもしれない。

しかし家康の下した最終的な結論とは、両陣営の軍事衝突であり、それに乗せられたのが大坂方であった。ここに大坂の陣が始まり、その結果、夏の陣で秀頼は敗者となってしまったのである。秀頼二三歳、家康七四歳であった。

秀忠政治への展望　エピローグ

大坂の直轄化

最後に元和元年（一六一五）六月九日、伊達政宗から松平忠明へ出された書状をみてみよう。これには、「昨日は使者を遣わして申し上げました。今回、あなたが大坂の地をご拝領なされたことは、たとえ天下のご公務といっても、大変にめでたいことですね。あなたはどれほどの知行をいただいたことでしょうか。きっと相当なものかと存じます。ともかくもお会いして、ご挨拶を申し上げたいと思います。なお追伸として申し上げますが、誠におめでたいことであり、どんなことをしてでも、こちらから伺って、ご挨拶を申し上げます」（「忍東照宮所蔵文書」）とある。

松平忠明とは、家康の孫婿にあたる人物であるが、ここにあるように大坂の陣後、家康から大坂の地が与えられ、その支配を担当することになった。伊達政宗は松平忠明に対し、「どれほどの知行をいただいたことでしょうか。きっと相当なものかと存じます」と述べており、忠明は従来の伊勢亀山五万石に加えて、摂津・河内に一〇万石が与えられた。このような松平忠明による大坂支配があり、そのうえで江戸幕府による大坂直轄が始まったのである。

秀頼・淀殿自刃の碑

さらに同年七月三日、政宗は織田有楽斎にも、「現在、将軍さまからの使者が参りましたが、その者によると、伏見城下の川において、秀忠様が釣った新鮮な魚を頂戴することができました。もし何処《いずこ》へ行く先約がなければ、今夕、この魚を御馳走しますからぜひお出でください。お待ちしております」(桑田忠親『戦国武将の手紙』)との書状を出した。

諸大名が伏見に滞在した意味

大坂落城後の五月九日、将軍秀忠は、悠々と伏見城へ凱旋《がいせん》したが、そのまま七月十九日に江戸に出発するまでずっと伏見に滞在した。そのため両度の陣に参陣した政宗も、七月十四日、秀忠から諸大名へ帰国命令が出るまで、伏見にとどまるしかなかった。大坂の陣が終了しても、しばらく伏見に徳川方の軍勢は残っていなければならなかったのである。これは大坂方の動静に対応して、徳川方は軍勢を駐屯させていたと考えるべきであろう。しかし軍事的な制圧だけではなく、秀吉政治以来、(大坂を含む)伏見の地が、大名や家臣団の妻子も集住する「首都」に他ならなかったことのあらわれとも考えることができよう。すでに江戸や駿府の地が「首都」機能を有していたとするのは早計である。家康や秀忠は、秀吉政治を継承する人物として期待されていただけに、すぐにも伏見や大坂を軽視するわけにはいかなかったはずである。実は本書で述べてみたかったのはこの点である。

諸大名が伏見滞在中に出されたのが先の伊達政宗書状の二通である。前者(六月九日付)は、伊達政宗が松平忠明に対して、大坂拝領を祝うものとして出された。後者(七月三日付)からは、将軍秀忠と政宗がきわめて親密な関係であったことが推測される。夏の陣後、秀忠と有力大名との関係は、概ねこのような関係ではなかろうか。政宗ならずとも、秀忠との関係が良好でなければ、すでに中央政権に従う大名として生き残ることなど無理な状況にあったことは、その後の政治史をみれば明らかである。具体的には、支倉常長らの慶長遣欧使節の結末や秀忠の長崎貿易に関することである。すでにキリスト教の禁止や貿易統制に従う大名でなければならなかったのである。これについては、本書でも触れてきたつもりであるが、これが大坂の陣の歴史的な意義となろう。大坂を掌握したことにより、秀忠政権による新たな時代が始まるのである。そこで最後に、このことを簡単にまとめてみよう。

大坂の陣の意義

徳川氏は、両度の大坂の陣によって、ようやく豊臣氏を滅亡させることができた。このことは本書で詳述した「勝者」家康と「敗者」秀頼の関係である。しかしその後、徳川政権に残された課題とは、貿易の掌握（＝長崎集中）とキリスト教の禁止である。すでに家康政治では、中国（明朝）との公貿易を断念したので、中国との貿易とは長崎での民間貿易しか残されていない。また「日本」とオランダ・イギリス両国との交易では、平戸や長崎などの九州地方を舞台とする貿易でなければならない。これはオランダやイギリスのアジアにおける拠点の問題であり、中国人（明）にとっても同様である。両国や当時の明人からすれば、九州以北の地はあまり関心がない。彼らは日本列島全体ではなく、九州地方だからこそ経済的な魅力を感じていたのである。

そのため徳川政権では長崎が必要となった。まず都市大坂を掌握してから、さらに瀬戸内地域までを支配する必要があった。そのうえで、このような九州地方での貿易を想定したからこそ、徳川氏は、早くから大坂の地を掌握する豊臣氏の存在を取り除く必要を感じ、大坂の陣を行ったのである。

大坂夏の陣後の元和五年（一六一九）、まず大坂の直轄化が行われ、福島正則（安芸広島藩主）の改易が断行された。その入れ替わりに福島氏旧領の広島へ紀伊の浅野氏を移封させ、浅野氏旧領に徳川頼宣（家康の一〇男）を入れることで、ここに「紀伊徳川家」を成立させた。この結果、大坂〜紀伊半島・伊勢湾（尾張徳川家）〜伊豆下田《しもだ》（あるいは相模浦賀）〜江戸という「大坂〜江戸」を結ぶ海運ルートも開発された。このような太平洋海運が本格化するのは十八世紀からではあるが、元和五年に檜《ひ》垣《がき》廻船（通称、千石船）の航行計画が出されたのは、こうした政治史のなかで整理すると理解しやすい。すでに秀吉政治から推進された東国支配がここに結実したともいえるし、このように伊勢湾沿岸地域を掌握するのは、秀吉政治を継承する家康政治でもみられることである（拙著『秀吉・家康政権の政治経済構造』）。ちなみに「大坂〜江戸」を結ぶ海運が徐々に整備され、同時に江戸と大坂の都市整備も進めば、それまで政治都市の色彩が強い伏見も、その存在が薄れて、しだいに消滅する。

鎖国体制の形成へ

また、秀忠政権による長崎貿易の掌握（長崎集中）については、キリスト教の禁止、慶長遣欧使節の結末や元和の大殉教という事蹟を出すと、一層わかりやすくなる。家康政治の段階では、大坂の地を掌握することができず、いわんや九州大名の貿易についても、統制することさえもできなかった。そのため中央政権による貿易統制という観点からすれば、家康は朱印船貿易のみならず、浦賀でのスペイン交易を試みた。航海技術上の理由から、家康は浦賀貿易を断念したが、最終的には伊達政宗と連携することで、スペイン外交を展開させた。支倉常長の慶長遣欧使節とは、まさに家康外交の一環と考えるべきことである。

ところで大坂の直轄化がなされ、福島正則の改易を経て、九州小倉藩に小笠原忠真《おがさわらただざね》（徳川譜代）を配置できるようになると、長崎貿易の独占（＝貿易統制）をめぐり、九州大名（主に島津氏）との抗争が顕在化し、このことが秀忠政治において重要な政治課題となるのである。たしかに徳川政権の本格的な九州支配は、家光《いえみつ》政治による熊本藩主加藤忠広《かとうただひろ》（清正の嫡子）の改易へと継承されるが、秀忠政治では、長崎集中政策の頓挫と実現がくりかえされた。秀吉の死後、島津領内では貿易活動（中国船や南蛮船の来航）が行われ、その他の九州大名も独自に貿易活動を行っていた。こうしたなかで家康は、スペインとの貿易の可能性を模索し、さらに元和年間の秀忠は、九州大名との駆け引きで長崎集中を実現させようとした。当初の秀忠は、九州大名の貿易を認めたが、その状況を報告させるようになり、さらに幕府の出先機関としての長崎奉行を創出させていったのである。

軍事大国化の道と局外中立の外交方針

元和七年（一六二一）七月、秀忠は、日本人の売買、武器の国外搬出、海賊行為を同時に禁止する施策に出たが、この背景には、スペイン・ポルトガルやオランダ・イギリスとの対立があった。長崎奉行からは「オランダ・イギリス人は海賊」との情報を得たとされる。このような動きのなかで、イギリスは自ら日本から立ち去り、オランダ人とは寛永三年（一六二六）に台湾の支配をめぐり紛争し、「国交」断行の事態にまでなった。結局、オランダ人が謝罪し、寛永十年にはオランダ商館長の江戸参府が行われ、オランダとの関係は継続していった。

一方のスペイン・ポルトガルとの関係は、元和の大殉教に代表されるように、キリスト教の禁止をめぐり、さらに悪化した。とくに元和八年、慶長遣欧使節を実行したルイス＝ソテロは、ルソンから薩摩へ密入国し、逮捕される。元和十年、肥前大村で火刑に処された。

以上、大坂夏の陣後の徳川政権は、大坂の地を完全に掌握しただけではなく、瀬戸内から九州地方への支配を強化していったのである。秀忠はしだいに九州大名領内の貿易を禁止し、幕府権力による貿易の長崎集中を実現させた。このような過程において、中国商人との長崎貿易に目処が立ち、オランダ人の選択（長崎出島の建設）もあり、長崎貿易を統制できるようになった。しかし同時に、幕府が島津氏の琉球王国との貿易を黙認する形態を生み出すことにもなる。いずれにせよ、このような体制が構築されていったのは、大坂の陣後、緊張する東アジア情勢に対し、日本列島全体が出した回答でもあった。まさに中国大陸の状況変化とヨーロッパ諸国の進出を眼前とし、日本列島全体が「局外中立の立場」を選択したのである。このようないわゆる「鎖国」への道に導いた契機としてまず大坂の陣があった。すでに大坂方（秀頼）とか徳川方（家康・秀忠）の時代ではなく、東アジア情勢に対応できる安定した中央政権の樹立が待望されていた。細川忠興のいう「天下太平」の世が望まれていたのである。大坂をめぐる大戦争（内戦）には、このような背景があったのである。

あとがき

拙著『片桐且元』（人物叢書、吉川弘文館、二〇〇一年）の刊行からすでに一〇年以上の歳月が経った。同書では、秀吉政治と家康政治の次元の違いを指摘しながら、関ヶ原の戦い後の片桐且元の特異性を見出したが、その思いをさらに大坂の陣全体にまでは充分にめぐらすことができなかった。忸怩《じくじ》たる思いだけが残っていた。それ以来、大坂の陣だけは何とかしたいと思っていた。本書の執筆依頼があった際、まず頭に浮かんだのはこのことである。

しかし拙著『片桐且元』でも、秀頼の立場を言及したつもりであったので、今回、秀頼を中心とするものにしてほしいとの要望には、いささか苦慮した。秀頼や大坂の陣の経緯はよく知られているものの、信頼し得る史料が少なく、しかもその評価もほぼ一定しているからである。秀吉死後、初めて徳川の将軍権力が、大坂の陣で全大名を動員・指揮したから、その権力が安定したとの見解である。さらには豊臣氏の滅亡と大坂城の炎上、その後の大坂城再建工事でも、再び将軍秀忠が諸大名を動員・指揮したので、徳川氏の集権化が進み、秀吉の大坂城のイメージをはるかに超える大坂城が構築された。この結果、大坂城と都市大坂は、徳川色に染め上げられたことが決定的となったのである。

このような見解に対し、異論はないが、明らかに勝者の立場からの見解であり、筆者の主張する秀吉政治の継続性にも馴染まない気がした。やはり新たな大坂の陣の視点を得るためには、敗者の論理も必要であろうと思った。そこで本書を著すにあたり、①朝鮮出兵で日本軍の敗戦が相次ぎ、日本と明朝（中国）の講和交渉が行われ、休戦状態となったにもかかわらず、その間の日本列島（国内）では、伏見と大坂を拠点とする物流の支配体制が形成された。②この新しい支配体制によって、単に経済的な拠点として両都市が設定されただけではなく、各地の大名とその妻子、あるいは秀吉の直臣団も、伏見や大坂に移住するよう命じられた。首都として両都市は機能するようになったのである。③秀吉死後も、この支配体制の構築が継続され、とくに江戸時代の港湾都市の基盤が、そこで形成された、との論点を整理してみた。詳しくは拙稿「秀吉による伏見・大坂体制の構築」（『偽りの秀吉像を打ち壊す』柏書房、二〇一三年）を参照してほしいが、これまで大坂の陣に関する見解は、③の都市大坂の整備だけに終始する傾向にあったようで、本書では、①や②の面も合わせて考えることとし、秀吉政治の重要性を見出し、それを継承する意味を考えたつもりである。

秀吉の朝鮮出兵では、現地の戦争が頓挫したにもかかわらず、日本の軍勢をそのまま長期にわたり朝鮮半島に駐屯させたことの意味は大きい。朝鮮半島と日本列島の関係が軍事的に「緊密」なものとなり、朝鮮半島への物資供給地あるいは新たな政治の中心地として、秀吉は伏見と大坂を拠点とした支配体制を形成させることができた。この結果、軍事カリスマを中心とする大名連合の国家が出現し、戦国社会が終焉したのである。集権的な軍事国家が日本列島に誕生したことになり、そのため秀吉死後も、「平和」の下、この動きが継続することが強く望まれた。ここに大坂の陣を経て、徳川氏によって、江戸と大坂を拠点とする江戸時代の社会が形成されたともいえよう。

しかし、関ヶ原の戦いや大坂の陣の「勝ち組」となった家康らや諸大名であったが、朝鮮出兵の敗戦責任を、すべて秀吉やその関係者（「負け組」）に負わせたことは忘れてならない。海外戦争の責任に対するスケープゴートを作ることによって、その後における国家運営の本質を曖昧なものとしてしまったのである。つまり江戸時代の人々は、たしかに見せかけの「平和」を勝ち得たが、その一方で、戦争加害者の立場から「解放」されてしまったのである。本書との関連でいえば、秀吉死後、関ヶ原の戦いや大坂の陣という大規模な内戦が行われ、徳川氏による「平和」の世が到来したが、当時の人々は、秀吉政治を継承したはずの家康外交の本質を、いつしかまったく見過ごしていった。その結果、朝鮮出兵という侵略戦争に対し、民族的な「総括」を不問にするだけではなく、再び大陸侵略の「夢」を追うようになるのである。

以上、筆者の考え方については、異論のある方もいるのかもしれない。とくに伏見や大坂に対し、本書でこのような位置づけを行ったのは、筆者が関東地方で歴史を学び、現在も関東で歴史系博物館に勤務としていることが、要因の一つかも知れない。とくに大坂の陣については、単に大坂城をめぐる攻防戦だけではなく、両陣営の戦いが中世都市堺や平野郷、あるいは周辺地である河内の八尾・若江、道明寺あたりまでを巻き込んだこと、これに対する徳川方が、新たな地域編成の核となった淀川水系の伏見城だけではなく、大阪湾や瀬戸内とされる尼崎・西宮の地を登場させて、港湾都市大坂の形成の重要性を説明した。当時の畿内とその周辺において、古代からあった地域編成の転換が始まっていた証しでもあり、これは大坂の陣後の伏見や堺の都市機能の変貌《へんぼう》ぶりをみれば明らかであろう。このような発見は、魅力あるものであったことも、最後に記しておきたい。

本書で指摘した港湾都市大坂の基盤形成については、江戸時代の社会において、どのようにこれを位置づけていくべきものなのか。今後に残された課題も多い。

二〇一三年二月

曽根勇二

参考文献

史料

『大日本史料』（一二編一五〜二〇巻、東京大学史料編纂所）
『浅野家文書』（大日本古文書・家分け二、東京大学史料編纂所）
「豊内記」（『改訂史籍集覧』第一三冊、近藤出版部、一九〇二年）
「長沢聞書」（『改訂史籍集覧』第一六冊、近藤出版部、一九〇二年）
「亀田大隅守高綱泉州樫井表合戦覚書」（『改訂史籍集覧』第一六冊、近藤出版部、一九〇二年）
『新訂・本光国師日記』（続群書類従完成会、一九六六年）
「大坂陣山口休庵咄」（『続々群書類従』第四、一九七〇年）
『舜旧記』（史料纂集、続群書類従完成会、一九七〇年）
『譜牒余録』（内閣文庫影印叢刊、全三巻、国立公文書館、一九七四年）
『義演准后日記』（史料纂集、続群書類従完成会、一九七六年）
『当代記・駿府記』（史籍雑纂、続群書類従完成会、一九九八年）
『山内家史料（一豊公紀・忠義公紀）』（山内家史料刊行会、一九八〇年）
「薩藩旧記雑録後編」（『鹿児島県史料』巌南堂書店、一九八〇年）

『新訂版・徳川家康文書の研究』（中村孝也、下巻之一・二、日本学術振興会、一九八〇年）
『大工頭中井家文書』（高橋昌彦編、慶應通信、一九八三年）
『新修・徳川家康文書の研究』（徳川義宣、徳川黎明会・吉川弘文館、一九八三年）
『新修・徳川家康文書の研究』第二輯（徳川義宣、徳川黎明会・吉川弘文館、二〇〇六年）
『綿考輯録』（出水叢書、第二巻・第三巻忠興公、汲古書院、一九八九年）
「大坂物語」（『仮名草子集』新日本古典文学大系・第七四巻、岩波書店、一九九一年）
『佐治重賢所蔵・小堀政一関係文書』（佐治家文書研究会編、思文閣出版、一九九六年）
『相馬藩世紀』（第一、続群書類従完成会、一九九九年）

著　書

天野文雄『能に憑かれた権力者』（講談社、一九九七年）
井上安代『豊臣秀頼』（自家版、続群書類従完成会、一九九二年）
大阪城天守閣編『生誕四百年記念特別展・豊臣秀頼展』（大阪城天守閣、一九九三年）
同　『特別展・真田幸村と大坂の陣』（大阪城天守閣、二〇〇六年）
大宮守友『近世の畿内と奈良奉行』（清文堂出版、二〇〇九年）
岡本良一『大坂冬の陣夏の陣』（創元社、一九七二年）
岡本良一編『大坂城の諸研究』（名著出版、一九八二年）

笠谷和比古『関ヶ原合戦と大坂の陣』（戦争の日本史一七、吉川弘文館、二〇〇七年）
堺市博物館編『特別展・貝塚願泉寺と泉州堺』（堺市博物館、二〇〇七年）
真田宝物館編『特別展・真田三代』（真田宝物館、二〇〇〇年）
鈴木かほる『徳川家康のスペイン外交』（新人物往来社、二〇一〇年）
曽根勇二『片桐且元』（人物叢書、吉川弘文館、二〇〇一年）
同　『近世国家の形成と戦争体制』（校倉書房、二〇〇四年）
同　『秀吉・家康政権の政治経済構造』（校倉書房、二〇〇八年）
杣田善雄『幕藩権力と寺院門跡』（思文閣出版、二〇〇三年）
高木昭作『日本近世国家史の研究』（岩波書店、一九九〇年）
高橋圭一『大坂城の男たち』（岩波書店、二〇一一年）
竹安繁治『近世封建制の土地構造』（御茶の水書房、一九七二年）
津田三郎『秀吉英雄伝説の謎』（中央公論社、一九九七年）
徳富蘇峰『近世日本国民史・大坂役』（講談社、一九八一年）
林屋辰三郎『角倉素庵』（朝日新聞社、一九七八年）
藤井譲治『幕藩領主の政治構造』（岩波書店、二〇〇二年）
同　『徳川将軍家領知宛行制の研究』（思文閣出版、二〇〇八年）
二木謙一『大坂の陣』（中央公論社、一九八三年）

松岡利郎『大坂城の歴史と構造』（名著出版、一九八八年）
八尾市立歴史民俗資料館編『特別展・大坂の陣と八尾』（八尾市立歴史民俗資料館、二〇〇三年）
山本博文『鎖国と解禁の時代』（校倉書房、一九九五年）
山本博文・堀新・曽根勇二編『偽りの秀吉像を打ち壊す』（柏書房、二〇一三年）

論　文

内田九州男「秀吉晩年の大坂城工事について」（『大阪城天守閣紀要』第五号、二〇〇四年）
小川　雄「徳川氏の海上軍事と知多千賀氏」（『戦国史研究』第六二号、二〇一一年）
加藤榮一「八幡船・朱印船・奉書船」（『朱印船と南への先駆者』海外視点日本の歴史第九巻、ぎょうせい、一九八六年）
白根孝胤「徳川一門付家老の成立過程と駿府政権」（『徳川林政史研究所研究紀要』第三三号、一九九三年）
同「慶長期公儀普請奉行の機能と特質」『中央大学大学院年報（文学研究科篇）』第二六号、一九九七年）
高木昭作「江戸幕府の成立」（『岩波講座日本歴史』近世一、岩波書店、一九七五年）
堀　智博「毛利輝元と大坂の陣」（『偽りの秀吉像を打ち壊す』、柏書房、二〇一三年）
宮本裕次「大坂の陣と周辺村落」（『大阪城天守閣紀要』第三二号、二〇〇四年）
美和信夫「慶長期江戸幕府畿内支配の一考察」（『史学雑誌』第七七編三号、一九六八年）

森　杉夫「慶長十六年和泉国における片桐検地」（『大阪経済大学教養部紀要』第八号、一九九〇年）
吉田洋子「江戸時代における朝廷の存在形態と役割」（『日本史研究』第四九五号、二〇〇三年）
同　「豊臣秀頼と朝廷」（『ヒストリア』第一九六号、二〇〇五年）
渡辺忠司「近世前期の村落と年貢収納」（『ヒストリア』第一〇五号、一九八四年）

略年表

西暦	和暦	事項
1593	文禄 2	8. 秀頼誕生.
1594	3	1. 秀吉, 伏見・大坂城の普請を本格的に開始. 9. 畿内やその周辺で検地.
1595	4	7. 秀吉, 秀次に自害を命ず. 8. 聚楽第が破却される.
1598	慶長 3	8. 秀吉死去. 8. 秀頼, 従二位・権中納言となる.
1600	5	9. 関ヶ原の戦い. 10. 家康, 石田三成らを京都で処刑. 家康, 戦後の論功行賞として知行宛行を主導.
1601	6	3. 秀頼, 権大納言に就く. 家康, 大坂城より伏見城へ入る. 10. 家康, 江戸へ帰る.
1602	7	1. 秀頼, 正二位・右大臣に就く. 家康, 伏見城へ入る. 10. 家康, 江戸へ帰る. 11. 秀頼, 方広寺大仏殿再建の工事に着手. 家康, 再び伏見城へ入る. 12. 方広寺大仏殿が火災. 家康, 伏見城番の制度を定める.
1603	8	2. 秀頼, 大坂城で家康を引見. 2. 家康, 右大臣・征夷大将軍に就く. 4. 秀頼, 内大臣に就く. 7. 秀頼, 千姫と婚儀.
1604	9	3. 家康, 伏見城に入る. 8. 豊国社臨時祭礼が開催 (秀吉七回忌). 閏 8. 家康, 江戸に帰る.
1605	10	1. 家康, 伏見城に入る. 2. 秀忠, 上洛のため江戸を発つ. 3. 秀忠, 伏見城に到着. 4. 秀頼, 右大臣に就く. 4. 秀忠, 内大臣・征夷大将軍に就く. 5. 秀頼, 家康からの上洛要請を拒否.
1606	11	3. 家康, 伏見城に入る. 諸大名に江戸城普請を命ず. 7. 秀頼, 畿内で鷹狩りをする. 8. 秀頼, 慶長 9 年の臨時大祭屛風絵を豊国神社へ奉納. 9. 家康, 江戸へ帰る.
1607	12	3. 家康, 諸大名に駿府城普請を命ず. 閏 4. 家康, 松平忠勝を伏見城代とする. 5. 朝鮮使節, 初めて江戸を訪れる. 7. 家康, 駿府城に入る. 10. 家康, 江戸へ行き, 秀忠に金銀を贈る. 12. 家康, 駿府に戻る. この年, 角倉了以, 富士川の舟運を行う.
1608	13	2. 大坂方, 河内狭山池伏樋の修理工事を主催. 秀頼, 疱瘡のため, 一時危篤状態となる. 3. 家康, 完成した駿府城本丸に入る. 4. 秀頼, 左大臣に就く. 5. 家康, ルソンのフィリピン諸島長官の書翰を受け取る. 家康,

西暦	和　暦	事　　　項
		浦賀開港の可能性を探る．7. 大坂方，方広寺大仏殿造営の材木調達を開始．
1609	慶長 14	2. 島津家久，琉球へ出兵．3. 家康，大坂城の能役者を駿府へ招く．5. 島津氏，琉球国王を捕える．6・7. 秀頼，朝廷へ贈答品を進呈．12. 家康，スペインとの外交交渉を開始．
1610	15	2. 片桐且元，駿府へ赴く．2. 家康，諸大名へ名古屋城普請を命ず．5. 片桐且元，駿府に滞在（大仏殿再建と臨時大祭の相談）．6. 秀頼，大仏殿再建の起工．8. 臨時大祭（秀吉十五回忌）が開催．8. 家康，連行された琉球国王を引見．12. 家康，中国との公貿易再開を断念．
1611	16	3. 秀頼，上洛し，二条城で家康と会見．4. 後陽成天皇の譲位と後水尾天皇の即位．4. 家康，西国大名に誓紙提出を命ず．5. 家康，メキシコ（スペイン領）へ使者を派遣．11. 方広寺大仏殿再建の工事が完成．大坂～京都三条までの舟運路が完成．
1612	17	1. 秀頼の使者，駿府城を訪問（年頭の挨拶）．家康，東国大名に誓紙提出を命ず．3. 岡本大八事件．12. 秀頼，鷹狩りの獲物を家康へ進呈．
1613	18	1. 大坂方，米穀の大坂移出を制限．2. 家康，諸大名から領有高を申告させる．6. 家康，公家諸法度を制定．9. 慶長遣欧使節団が陸奥の月ノ浦を出航．
1614	19	4. 秀頼，方広寺大仏殿の鐘を鋳造する．5. 片桐且元，家康に大仏開眼の日を具申する．7. 家康，大仏殿の上棟と供養の延期を命ず．8. 片桐且元，鐘銘弁解のため，駿府へ着く．家康，片桐且元との面会を拒否．家康，淀殿の使者と面会する．9. 片桐且元，大坂へ戻り，家康の意思を報告する．家康，西国大名に誓紙提出を命ず．片桐且元，大坂城内の邸宅に籠る．徳川方，諸大名へ動員令を出す．10. 片桐且元，大坂城から退去．真田幸村ら牢人衆，大坂城に入る．家康，奈良方面に諸大名の集結を命ず．家康，駿府を発つ．赤座直規・槙島重利，堺を占拠．赤座ら，今井宗薫らを逮捕．堺奉行の芝山は逃走．本多忠政勢，枚方へ侵攻．藤堂高虎，山城木津へ到着．伊達政宗，江戸を発つ．大坂町人，大坂の町を焼き払う．秀頼，和泉槙尾寺へ禁制を発給．徳川方の北陸勢，近江に在陣．大坂方，伏見や京都を占拠し，家康暗殺の

西暦	和　暦	事　　　　項
		計画．家康，京都二条城に到着．徳川方の藤堂高虎勢，大和から河内へ入る．藤堂高虎，道明寺付近を進撃．11. 薄田兼相勢，平野へ出撃．薄田兼相勢，大坂城内へ戻る．徳川方の松平忠明・本多忠政勢，平野へ進撃．家康，茶臼山に陣を移す．家康，茶臼山と岡山の連絡路を整備．徳川方の藤堂高虎勢，堺方面へ進撃．秀忠，伏見へ到着．家康，藤堂らに軍備配置を指示．家康，京都から大和方面へ出撃．秀忠，淀川沿いから河内方面へ出陣．家康，住吉に到着．家康，茶臼山（天王寺）に在陣．大野治長勢，穢多崎の砦を守備．徳川方の蜂須賀・浅野勢，穢多崎の砦を襲撃．徳川方の浅野勢，大坂方の密偵を逮捕．木村重成ら，鴫野・今福の地を守備．徳川方の佐竹と上杉勢，鴫野・今福を襲撃．薄田兼相，博労ヶ淵砦に不在．徳川方の石川忠総ら，博労ヶ淵砦を襲撃．徳川方水軍の向井・千賀氏ら，伝法口を襲撃．徳川方の蜂須賀・浅野勢，野田や阿波座を占拠．大坂方，天満・船場の地を放棄．12. 家康・秀忠，茶臼山に陣を移すことを検討．徳川方の井伊直孝・松平忠直ら，真田丸を襲撃．木村重成，真田丸で徳川方を撃退．家康，茶臼山に陣を移す．紀伊で一揆が蜂起．織田有楽斎・大野治長，徳川方へ講和案を提出．徳川方，威嚇のため，大坂城へ射撃する．塙団右衛門勢，蜂須賀勢を夜襲．大坂方，徳川方の京極忠高の邸宅へ常高院（淀殿妹の初）を派遣．両陣営による和議成立．両陣営による誓紙交換．徳川方，堀の埋立てを開始．
1615	慶長20 (元和元)	3. 板倉勝重，大坂方の動向を駿府へ報告．4. 家康，義直婚儀出席のため，駿府へ発つ．大野治長，大坂城内で刺客に襲われる．家康，大坂再征を命ず．秀忠，江戸を発つ．家康，京都へ到着．秀頼，摂津名塩へ禁制を発給．秀忠，伏見へ到着．宣戦布告がなされる．大野治房勢，大和郡山周辺を襲撃．徳川方の浅野勢，紀伊和歌山を発つ．紀伊で一揆が蜂起．大野勢ら，和泉信達へ進撃．浅野勢，和泉の樫井で大坂方と激戦．塙団右衛門ら，樫井付近で戦死．5. 木村重成ら，大坂城を発つ．秀頼，和泉施福寺へ禁制を発給．真田幸村・毛利勝永勢，平野に到着．家康と秀忠，それぞれ京都・伏見の地を発つ．徳川方の大和の軍勢，奈良を発つ．木村重成，若江に向かうが，その地で戦死．長宗我部盛親，八尾へ向かう．家

西暦	和　暦	事　　　　項
		康，河内の星田村に到着．秀忠，河内の砂村に到着．大和からの徳川方軍勢，大坂方と激戦．後藤又兵衛・薄田兼相ら，道明寺へ向かい，その地で戦死．家康，枚岡から道明寺を経て，平野へ到着．秀忠，千塚から若江・八尾を経て，平野へ．家康，茶臼山に陣を構える．真田幸村，家康の陣で戦死．大坂城が落城．長宗我部盛親，山城橋本で逮捕される．秀頼・淀殿ら，大坂城で自害．家康と秀忠，京都二条城へ戻る．秀忠，伏見城へ入る．秀頼の嫡子ら，処刑．秀忠，大坂方の残党逮捕を命ず． 6. 秀忠，大坂方の残党逮捕を命ず．7. 秀忠，二条城で諸大名をもてなす．9. 秀忠，大坂方の残党逮捕を命ず．

著者略歴
一九五四年　静岡県静岡市に生まれる
一九七七年　東洋大学文学部史学科卒業
一九七九年　東洋大学大学院文学研究科修士課程修了
現　在　元横浜市歴史博物館学芸員

〔主要著書〕
『片桐且元』（人物叢書、吉川弘文館、二〇〇一年）
『近世国家の形成と戦争体制』（校倉書房、二〇〇四年）
『秀吉・家康政権の政治経済構造』（校倉書房、二〇〇八年）

敗者の日本史13

大坂の陣と豊臣秀頼

二〇一三年（平成二十五）六月　一日　第一刷発行
二〇二二年（令和　四　）三月二十日　第二刷発行

著　者　曽《そ》根《ね》勇《ゆう》二《じ》
発行者　吉川道郎
発行所　株式会社　吉川弘文館
郵便番号一一三―〇〇三三
東京都文京区本郷七丁目二番八号
電話〇三―三八一三―九一五一〈代表〉
振替口座〇〇一〇〇―五―二四四
http://www.yoshikawa-k.co.jp/
印刷＝株式会社　三秀舎
製本＝誠製本株式会社
装幀＝清水良洋・樋口佳乃

ISBN978-4-642-06459-0

敗者の日本史

刊行にあたって

現代日本は経済的な格差が大きくなり、勝ち組と負け組がはっきりとした社会になったといわれ、格差是正は政治の喫緊の課題として声高に叫ばれています。

しかし、歴史をみていくと、その尺度は異なるものの、どの時代にも政争や戦乱、個対個などのさまざまな場面で、いずれ勝者と敗者となる者たちがしのぎを削っていました。歴史の結果からは、ややもすると勝者は時代を切り開く力を飛躍的に伸ばし、敗者は旧体制を背負っていたがために必然的に敗れさった、という二項対立的な見方がなされることがあります。はたして歴史の実際は、そのように善悪・明暗・正反というように対置されるのでしょうか。敗者は旧態依然とした体質が問題とされますが、彼らには勝利への展望はなかったのでしょうか。敗者にも時代への適応を図り、質的変換への懸命な努力があったはずです。現在から振り返り導き出された敗因ではなく、多様な選択肢が消去されたための敗北として捉えることはできないでしょうか。最終的には敗者となったにせよ、敗者の教訓からは、歴史の「必然」だけではなく、これまでの歴史の見方とは違う、豊かな歴史像を描き出すことで、歴史の面白さを伝えることができると考えています。

また、敗北を境として勝者の政治や社会に、敗者の果たした意義や価値観などが変化しながらも受け継がれていくことがあったと思われます。それがどのようなものであるのかを明らかにし、勝者の歴史像にはみられない日本史の姿を、本シリーズでは描いていきたいと存じます。

二〇一二年九月

吉川弘文館